# O SILÊNCIO
# DO CORAÇÃO

Paul Ferrini

# O SILÊNCIO DO CORAÇÃO
*Reflexões da Mente de Cristo*

*Tradução*
DENISE DE C. ROCHA DELELA

EDITORA PENSAMENTO
São Paulo

Título original: *The Silence of the Heart.*

Copyright © 1996 Paul Ferrini. www.paulferrini.com

Todos os direitos reservados. Nenhuma parte deste livro pode ser reproduzida ou usada de qualquer forma ou por qualquer meio, eletrônico ou mecânico, inclusive fotocópias, gravações ou sistema de armazenamento em banco de dados, sem permissão por escrito, exceto nos casos de trechos curtos citados em resenhas críticas ou artigos de revistas.

A Editora Pensamento-Cultrix Ltda. não se responsabiliza por eventuais mudanças ocorridas nos endereços convencionais ou eletrônicos citados neste livro.

**Dados Internacionais de Catalogação na Publicação (CIP)**
**(Câmara Brasileira do Livro, SP, Brasil)**

Ferrini, Paul
O silêncio do coração : reflexões da mente de Cristo / Paul Ferrini ; tradução Denise de C. Rocha Delela. — São Paulo : Pensamento, 2006.

Título original: The silence of the heart
ISBN 85-315-1433-9

1. Conduta de vida 2. Vida espiritual
I. Título

05-9611            CDD-299.93

Índices para catálogo sistemático:

1. Espiritualidade : Religiões de natureza universal 299.93

O primeiro número à esquerda indica a edição, ou reedição, desta obra. A primeira dezena à direita indica o ano em que esta edição, ou reedição, foi publicada.

| Edição | Ano |
|---|---|
| 1-2-3-4-5-6-7-8-9-10-11 | 06-07-08-09-10-11-12 |

Direitos de tradução para o Brasil
adquiridos com exclusividade pela
EDITORA PENSAMENTO-CULTRIX LTDA.
Rua Dr. Mário Vicente, 368 — 04270-000 — São Paulo, SP
Fone: 6166-9000 — Fax: 6166-9008
E-mail: pensamento@cultrix.com.br
http://www.pensamento-cultrix.com.br
que se reserva a propriedade literária desta tradução.

*Impresso em nossas oficinas gráficas.*

*Para meus três professores:*
*Lao Tzu, Martin Buber e Jesus de Nazaré,*
*com um agradecimento especial à minha filha Shanti,*
*que abriu passagem para a criação deste livro.*

# SUMÁRIO

INTRODUÇÃO ............................................................. 11

PARTE UM: INTEGRIDADE ................................. 19
    Abra a Porta da Prisão ........................................... 19
    A Futilidade do Controle ...................................... 26
    Os Três Estágios da Consciência ........................... 27
    Graça e Deslealdade .............................................. 29
    Mapas e Placas ...................................................... 32
    A Revisão dos Compromissos ............................... 34
    Necessidades .......................................................... 35
    A Consciência da Igualdade .................................. 37
    Os Dois Caminhos de Libertação .......................... 38
    Abençoe o seu Corpo ............................................ 39
    A Moral Religiosa ................................................. 41

PARTE DOIS: O RELACIONAMENTO CERTO ........... 43
    O Compasso do Coração ...................................... 43
    O Casamento ......................................................... 46
    O Divórcio ............................................................ 48
    O Processo e as Fronteiras Pessoais ...................... 49
    Rituais Diários de Intimidade e Paz ..................... 51
    O Sexo como Comunhão entre os Corpos ............ 53
    Rituais Semanais ................................................... 54
    A Crença na Inocência dos Membros do Grupo ... 56
    O Fim da Culpa .................................................... 58
    Perdoe os seus Pais ............................................... 60
    O Encontro da Alma Gêmea ................................ 62
    Comunidades Espirituais ...................................... 64

PARTE TRÊS: SEM OUTROS DEUSES ..................... 67
    A Porta para a Presença Divina ............................ 67
    A Única Autoridade .............................................. 69
    Acabe com a Última Separação ............................. 73

| | |
|---|---|
| A Salvação | 76 |
| Jerusalém | 77 |
| A Fé | 79 |
| Os Falsos Profetas | 80 |
| Asas Negras para a Luz | 82 |
| A Cicatrização da Ferida | 87 |
| A Presença do Amor | 90 |

## PARTE QUATRO: O MODO DE VIDA CORRETO ........ 92

| | |
|---|---|
| Os Dons de Deus | 92 |
| Como Cultivar o seu Dom | 97 |
| O Compromisso Consigo Mesmo e com os Outros | 100 |
| O Único Trabalho que Existe | 102 |
| O Mito da Prosperidade Material | 104 |

## PARTE CINCO: A CURA DO EU DIVIDIDO ................ 107

| | |
|---|---|
| Indulgência e Renúncia | 107 |
| A Cura do Eu Dividido | 108 |
| O Corpo Ressuscitado | 110 |
| A Aurora de uma Vida de Entrega | 110 |
| O Ensinamento do Novo Paradigma | 112 |
| Igualdade e Solitude | 114 |
| A Transição para a Visão Compartilhada | 117 |
| Não Abra Mão do seu Poder Pessoal | 118 |
| Rumo ao Fortalecimento do Eu | 121 |
| A Janela do Buda | 124 |

## PARTE SEIS: COMUNHÃO E COMUNIDADE ............ 127

| | |
|---|---|
| Uma Igreja sem Paredes | 127 |
| A Superação da Intolerância | 128 |
| O Amor e a Espada da Verdade | 130 |
| Uma Igreja Viva | 131 |
| Coerência | 134 |
| Companheirismo | 136 |
| Coração Aberto, Mente Aberta | 139 |
| A Arrogância Espiritual | 140 |

PARTE SETE: ABERTO PARA OS MILAGRES ............ 146
    O Milagre do Eu................................................................... 146
    Aprender a Confiar ............................................................. 147
    Os Milagres e o Não-Milagroso ......................................... 150
    Os Milagres e as Leis Físicas ............................................. 152
    Tudo Pode Ser Elevado ...................................................... 154
    Um Lobo em Pele de Cordeiro ........................................... 157
    Justiça ................................................................................. 159

PARTE OITO: RECONCILIAÇÃO ................................... 161
    O Grande Igualador .......................................................... 161
    Mais Dor Ainda ................................................................ 165
    O Abuso na Terapia .......................................................... 166
    Autenticidade e Aceitação ................................................. 168
    Permissão para Enganar .................................................... 170
    Acordando do Sonho ........................................................ 173
    A Solitude ......................................................................... 175
    O Ritmo ............................................................................ 177

PARTE NOVE: A ACEITAÇÃO DO EU ......................... 180
    Assumindo um Compromisso com o Eu ........................... 180
    A Iluminação .................................................................... 185
    Sozinho, com o Coração Aberto ........................................ 188
    Casamento *Versus* Celibato ............................................... 189
    Criatividade e Conformidade ............................................ 191

PARTE DEZ: CONSCIÊNCIA............................................ 195
    O Anjo Ferido .................................................................. 195
    Reencarnação *et al* ........................................................... 198
    Sistemas de Crença ............................................................ 201
    Divinizando ...................................................................... 203
    A Prece............................................................................... 208
    O Trabalho Espiritual ....................................................... 210
    Despertando Juntos ........................................................... 214
    Namastê.............................................................................. 216

# Introdução

O silêncio é a essência do coração. Você não pode ficar no coração se não perdoar a si mesmo e aos outros. Não pode ficar no coração se está preocupado ou com raiva. Não pode ficar no coração se a sua respiração é superficial ou difícil.

Se a respiração é superficial, o pensamento é superficial. Se você quer viver uma vida espiritual, fique atento à sua respiração. Preste atenção nas vezes em que respira de modo artificial e observe os seus pensamentos. Você vai ver que a sua mente está tagarelando. Nenhum desses pensamentos tem importância ou significado. Se você relaxar e respirar fundo, esses pensamentos se dissiparão como pássaros assustados. E então você poderá ficar no coração.

Quando a respiração é difícil, os pensamentos são gerados pelo medo e pela preocupação. Quando a sua respiração ficar difícil, observe. Preste atenção no que você está pensando e sentindo. Você verá que os seus estados mentais estão arraigados no passado ou no futuro. Você está preocupado em ver o que as outras pessoas estão fazendo e em como você poderá satisfazê-las ou proteger-se das atitudes delas. Você está construindo uma fortaleza de pensamentos em torno do coração. Respire fundo e relaxe. Faça isso mais uma vez. Respire e volte para o coração. Respire e volte para o seu Eu essencial.

A menos que volte para o coração, você não conseguirá ver nada com compaixão. E a pessoa que não vê nada com compaixão não vê nada direito. Tudo o que ela percebe é invencionice, hipérbole. Ela simplesmente alimenta o seu tédio ou a sua preocupação.

A respiração é a chave para viver uma vida espiritual na encarnação física. Quando o corpo morre, a respiração deixa o corpo. Para onde ela vai?

A maioria de vocês acha que é o corpo quem cria a respiração. Na verdade, é o contrário. A respiração é a genitora do corpo. Quando a respiração cessa, o corpo pára de funcionar. Ele se desintegra, porque, sem o sopro do espírito, o corpo não é nada.

Se você quer viver uma vida espiritual, respire fundo e lentamente. Deixe que o ar chegue até o abdômen e depois solte-o por completo. Quanto mais ar você inspirar, mais leve o seu corpo ficará e mais fácil será, para você, assumir as suas responsabilidades. A pessoa que respira não tem medo nem se sente sobrecarregada diante do que a vida lhe apresenta, pois ela tem energia para enfrentar todas as circunstâncias. Só aqueles que respiram superficialmente ou com dificuldade e de modo irregular sentem-se desvitalizados ou se intimidam facilmente diante dos desafios da vida.

A menos que você respire com calma e profundidade, não conseguirá ficar no coração. Se você não sabe do que estou falando, interrompa esta leitura e respire levando o ar até o abdômen, contando até cinco na inspiração e até cinco novamente na expiração. Respire desse jeito durante cinco minutos, aumentando aos poucos a contagem até sete, oito ou nove. Não force. Só aumente a contagem gradativamente, à medida que os seus pulmões forem se adaptando à quantidade maior de ar.

Agora você está no coração. Observe que você está profundamente relaxado, embora surpreendentemente alerta. A sua consciência abrange todas as células do seu corpo. Você está contente onde está. Está ocupando todo o seu corpo no momento presente. Está se sentindo aquecido e cheio de energia; seguro e protegido. Os seus pensamentos não estão tão acelerados e ficaram menos fragmentados. Você não está mais preocupado com o que deveria fazer ou imaginando situações hipotéticas. Não existe tensão nem ansiedade. O passado e o futuro retiraram-se da sua consciência. O seu pensamento está centrado e mais consciente. Você consegue se concentrar mais nos pensamentos porque eles estão mais espaçados e são menos numerosos. Agora leve a consciência para o coração, enquanto continua a respirar suave, mas profundamente, deixando o ar chegar até o abdômen.

Você consegue sentir compreensão e compaixão no seu centro cardíaco? Consegue perceber que encara você mesmo e os outros com amável aceitação? Consegue sentir o amor que existe no seu coração e que se expande livremente em direção às outras pessoas?

Agora você está no coração. Agora está no silêncio de onde provém todo som. Como um barco no oceano, você sente as ondas se avolumando diante de você e se deixa levar pelo seu balanço, embora saiba que você não é as ondas. Os pensamentos vêm e vão, embora você saiba que você não é os seus pensamentos. Alguns pensamentos levam você para mais longe do que outros, mas, mesmo assim, você ainda pode voltar para o seu centro. Como uma grande onda, um pensamento em particular pode vir carregado de emoção, mas, se você se mantiver no seu centro, a emoção se acalmará. Agora você sabe que pode enfrentar os fluxos e refluxos da maré, distanciando-se um pouco do seu centro e voltando para ele, sentindo a contração e a expansão do pensamento.

Logo abaixo da mente pensante existe uma consciência pura e isenta de julgamentos. Tão logo você descobre essa consciência, o coração se abre e fica fácil dar e receber.

A observação do silêncio, assim como a respiração suave e profunda, é o jeito mais fácil de abrir o coração. Você também pode abri-lo por meio de danças e movimentos sagrados que incluam a respiração e estimulem a gratidão e a consciência do momento presente. O método que você usa para mergulhar no coração é só um instrumento. Não dê importância a ele. O importante é que você encontre um caminho que o leve ao aspecto mais profundo do seu ser, que está em paz.

Não existe ser humano incapaz de atingir esse estado de compaixão e de consciência aberta. Contudo, muito poucas pessoas têm ciência de que essa capacidade de ficar em paz existe dentro delas. A maioria vive num ritmo acelerado, lutando para equilibrar o orçamento. A mente delas se consome em pensamentos, planos e preocupações. O corpo está constantemente preparado para lutar ou fugir, o que debilita o sistema imunológico e cria condições para que as doenças se manifestem.

Poucos seres humanos assumem responsabilidade direta pelo seu bem-estar físico e emocional. Não surpreende que lhes falte uma perspectiva espiritual da vida. Quando as pessoas não cuidam de si mesmas, elas culpam os outros pelos problemas que têm. Elas se sentem vítimas. Sentem-se aprisionadas no trabalho, nos relacionamentos, no seu espaço físico e nos papéis e responsabilidades que assumiram. É como se elas vivessem numa panela de pressão. Ou vivem às voltas com a sua situação externa e se sentem vitimizadas e ressentidas ou se retiram dessa situação de modo inadequado, antes que ela se resolva, deixando um rastro de corações partidos.

Se alguma coisa do que eu disse lhe parece familiar, então você sabe muito bem como é fácil se ver enredado na luta da existência. O ritmo da sua vida acelerou — você anda mais ocupado do que nunca —, mas que vantagem isso traz? O seu dinheiro e os seus bens não podem comprar a sua paz. O seu nome, a sua fama e a sua posição social não podem lhe dar felicidade. Seja honesto. Você se sente bem consigo mesmo e com as pessoas próximas a você? Você encara a vida com otimismo? Mal pode esperar pelo momento de se levantar da cama, a cada manhã? Se a resposta é "Não", você está vivendo uma vida vazia de nutrição espiritual, uma vida que perdeu as raízes que a ligam à respiração, ao corpo e à terra.

Não adianta viver num ritmo mais acelerado; isso não vai deixar a sua vida melhor. O fato de podermos ir de um extremo ao outro do planeta a bordo de carros e aviões não fez com que os nossos relacionamentos ficassem mais próximos. Muitos de vocês sentem que o ritmo da vida ficou mais acelerado, mas não perceberam que vocês é que abastecem o tanque. Eu suponho que seja mais fácil para vocês acreditar que o planeta será destruído por terremotos e enchentes do que assumir a responsabilidade por profanar o planeta por meio da sua preocupação, do seu tédio e da sua falta de cuidado.

Vocês não vêem que a Terra está simplesmente refletindo de volta para vocês a qualidade da sua própria consciência? A poluição nada mais é do que a poluição do seu próprio coração e da sua própria mente. Quanto mais distantes vocês estiverem de si mesmos, mais maltratarão o planeta e uns aos outros. Quanto mais esquecerem de respirar, menos saudável ficará o ar e mais conflitos surgirão entre vocês.

Continue a esquecer de respirar e o planeta está condenado. "Bem", você diz, "eu posso dar um jeito nisso". Mas pode não ser tão fácil quanto você pensa. Tente por alguns instantes. Respire profundamente durante um dia inteiro e veja o que acontece. Se você se dedicar a essa prática, tudo o que é artificial na sua vida começará a cair por terra. E você pode ficar surpreso ao ver quanta coisa na sua vida começará a vir à tona.

Pense nisso. O seu emprego é seguro? Não, se você acha um sacrifício ir para o trabalho. E quanto ao seu casamento? Você está com o seu parceiro por amor ou por dever? E o que dizer dos seus valores e das suas crenças religiosas... dá para confiar neles? Ou eles são fruto da culpa e do medo? Se for esse o caso, eles não suportarão os fluxos e refluxos da respiração, à medida que o ar chega no abdômen e sai pela boca, pelo nariz e pela pele.

Você realmente quer se desintoxicar? Realmente quer diminuir o ritmo? Está pronto para deixar para trás o excesso de estímulos? "Mas", pergunta você, "eu ainda vou poder ler o jornal e assistir ao noticiário na TV?"

Minha resposta é "Sim, mas só se você continuar respirando fundo e suavemente".

A maioria de vocês achará isso impossível. Por enquanto, para ficar em paz você vai precisar abrir mão dos falsos estímulos da sua vida. Qualquer coisa que seja trivial ou muito trabalhoso faz com que você se distancie da essência do que você é.

Não me peça para explicar tudo detalhadamente. Eu não vou dar a você uma nova lista de mandamentos. Use o seu bom senso. Observe o que lhe dá paz e o que tira a sua paz. Assuma a responsabilidade pelo que você consome, pelas suas companhias, pelo que você faz. Você tem escolhas na vida. Um certo tipo de escolha lhe traz tribulação e sofrimento. O outro tipo lhe traz quietude e cura.

Você consegue viver sem um excesso de estímulos? Consegue diminuir o ritmo, respirar e viver no momento presente? Isso pode não ser tão difícil quanto você pensa. Como você só pode começar agora, não pode começar no passado nem no futuro, trata-se de um simples desafio. Tente agora. Fique no presente e respire durante alguns minutos. Quanto mais você fizer isso, mais fácil vai ficar. Essa prática ganhará impulso, como um rio descendo a montanha e arrastando com ele todos os obstáculos que encontra pela frente.

Quando você se compromete com a prática do silêncio, o seu relacionamento com todo o universo muda. A sua comunicação se aprofunda e se amplia. Aqueles que conhecem você o entendem sem que você precise dizer nada. A respiração e o vento transmitem o seu pensamento. Não existe diferença entre dentro e fora. A terra e o céu se encontram onde o seu coração e a sua mente se unem em silenciosa bem-aventurança.

É só o seu medo que faz com que você resista à vida. Supere o medo por meio da respiração e a resistência acaba. Agora você está fluindo com a corrente da vida. Você precisa arranjar um emprego, se casar, ter filhos, escrever livros, dar palestras, alimentar os famintos, salvar os fracos e oprimidos? Você só conseguirá tudo isso se eles se juntarem a você nesse rio. E, se eles fizerem isso, você pode ter certeza de que não será você quem estará trabalhando, se casando, procriando, escrevendo, dando palestras, alimentando ou salvando. Será o rio fazendo isso por você. E você continuará animado e tranquilo, não importa o que faça. Nada o impedirá de respirar, pois a respiração será a sua única responsabilidade.

Portanto, eu darei a você uma regrinha muito simples: "Se não consegue respirar, não faça. Se quiser fazer de qualquer jeito, lembre-se de respirar!"

Há muitos anos você vem se movendo rápido demais para que o rio possa apanhá-lo. Não surpreende que o universo não o apóie! Mas crie coragem; todos os povos indígenas que vivem neste planeta conhecem e praticam o que eu estou ensinando a você. E, em algum lugar, lá no fundo do seu coração, você sabe e se lembra disso também. Houve um tempo, antes que o seu ego tentasse se encarregar da jornada, em que você era o paciente capitão do seu navio. Você navegava sem remos ou velas, rumo a um destino que pressentia, mas desconhecia. E o mesmo acontece agora, muito embora você pense que precisa se esforçar para ficar no leme.

A respiração e, com o tempo, o rio da vida, encontrarão você e o adotarão. Então você será o seu porta-voz e confidente. Alguém que ouve e que diz a verdade. Alguém que serve sem salvar.

E que ama sem pedir nada em troca.

Tudo isso é seu destino. Ser o criador e a criatura, tudo numa coisa só. Ser o masculino no feminino e o feminino no masculino. Ser ativo e receptivo. Transcender a dualidade nas asas do paradoxo.

Tudo isso você fará, pois o Messias já veio e Ele é você. Você é quem aprende a dar alento ao corpo e a se elevar acima da dor e dos conflitos que você mesmo criou. Você é o Messias, caro irmão ou irmã. Só você.

# 1

# Integridade

## ABRA A PORTA DA PRISÃO

A integridade é definida como a "qualidade ou estado do ser completo ou não-dividido". Embora seja evidente que aspiramos à integridade, muitos não se sentem nem completos nem não-divididos. Sentimos desânimo quando olhamos para dentro de nós, e a nossa busca pela felicidade com as outras pessoas exacerba as nossas feridas mais profundas.

Não existem curativos mágicos para esse mal. Trata-se da matéria-prima da vida que nos cabe transformar. Temos de modelá-la e esculpi-la, até transformá-la numa obra de arte. É isso que é a nossa vida: uma oportunidade para criar a nós mesmos.

Seria fácil para o oleiro rejeitar o barro por considerá-lo um material inferior e desprezível. Mas se assim fizesse, a vida dele não teria sentido. Ele não se define pelo material que usa, mas pelo que escolhe fazer com ele.

O que escolhemos fazer com as cartas que a vida nos dá? Como podemos enfrentar os desafios da vida para ter paz no coração e nos nossos relacionamentos?

A resposta é simples, mas pode não ser a que você espera. A resposta é que você não tem de fazer nada.

"Então", você pergunta, "como o barro será modelado se não temos de fazer nada?"

O barro é modelado pela nossa disposição para continuar no processo. No nosso empenho, na nossa entrega, o barro é modelado. A obra de arte é oferecida, despedaçada e oferecida uma vez mais. Num certo ponto, ela é concluída e não podemos mais trabalhar nela.

Então, nós nos afastamos dela. E, antes que possamos perceber, mais barro é depositado em nossas mãos. Ele tem uma consistência diferente, um potencial diferente. Traz novos desafios.

Nós não temos de modelar o barro. O processo de modelagem consiste no mero fato de vivermos. Mesmo quando parece que estamos resistindo à vida ou negando os acontecimentos, ainda assim o barro está sendo modelado.

Em outras palavras, não dá para ficar vivo sem se envolver na criação de uma obra de arte.

"E quanto ao criminoso?", você pergunta. "Ele também está criando uma obra de arte com a vida dele?"

Sim, ele está. A vida dele é o registro da jornada que ele fez pelos seus medos, assim como a sua vida também é. Cada um de vocês conta a própria história. Se você olhar no coração do criminoso, verá que a história dele não é diferente da sua.

Não existem fracassos neste planeta. Até mesmo os mendigos, as prostitutas, os drogados estão modelando o barro que lhes foi dado.

Não é porque um determinado trabalho artístico lhe desagrada que ele deixa de ser uma obra de arte. Não existem histórias enfadonhas neste mundo. Todo conto é uma pérola. Toda escultura é genial.

A integridade é uma dádiva universal. Todo mundo tem. Ela faz parte do próprio barro. Qualquer coisa que você construa com a sua vida permanecerá. Ficará ali para que os outros a vejam e para que você possa se espelhar nela.

Você pode optar por deixá-la intacta ou por destruí-la. A escolha é sua. Os outros podem olhá-la embasbacados e dizer coisas pouco gentis. Isso é escolha deles. Não significa nada.

Nesse processo, não existe certo ou errado. Se existisse, aqueles dentre vocês que estão "certos" teriam uma auréola permanente na cabeça.

Você não pode dizer que a obra de uma pessoa na vida tem menos valor do que a obra de outra. Tudo o que você pode dizer, na verdade, é que você gosta mais da obra de uma pessoa do que da de outra. Você tem as suas preferências.

Felizmente, Deus não têm preferências. Ele não prefere a sua história nem a história de ninguém. Deus ouve a história de todo mundo. Ele tem ouvidos para o coração de cada pessoa. Ninguém O afasta pelo fato de ter cometido um erro. Tudo o que Ele quer saber é: "Você aprendeu com o seu erro?"

A integridade não é algo que você tenha de conquistar. Ela faz parte da sua essência. Não existe ninguém neste mundo que não tenha integridade, assim como não existe ninguém que não mereça amor.

É claro que existem muitas pessoas que acham que não têm integridade. E elas têm o péssimo hábito de tentar encontrar essa plenitude exigindo o tempo, a atenção ou as posses de outras pessoas. Essas pessoas não são maldosas. Elas estão simplesmente confusas. Não sabem que a vida delas é uma obra de arte. Não sabem que elas são escultoras magistrais. Elas acham que a vida lhes deu cartas ruins.

Um dia elas perceberão que têm nas mãos as cartas perfeitas. Então elas começarão a usá-las com consciência e entusiasmo. Por enquanto, elas têm feito o papel de vítimas. Estão fazendo de conta que estão despedaçadas, doentes e incompletas.

Um negro confinado a uma cadeira de rodas pode não se sentir inteiro, mas ele não tem menos integridade do que qualquer outra pessoa. Ele não recebeu um barro de qualidade inferior. Nada foi acidental na vida dele. Ninguém fica com o barro de ninguém.

Veja que o problema não é existencial. A integridade existe em todos nós. O problema é que não acreditamos que somos pessoas inteiras. Achamos que precisamos corrigir algo em nós ou nas outras pessoas. Sentimos um falso senso de responsabilidade com relação aos outros e não assumimos responsabilidade suficiente com relação a nós mesmos. Somos impulsionados pelo desejo, pela ganância e pelo medo. Atacamos, nos defendemos e depois tentamos reparar os danos. É claro que isso não funciona. Aquele que percebe os danos não pode consertá-los.

Na realidade, nada foi danificado nem precisa de conserto. Se conseguíssemos manter essa consciência, todas as feridas cicatrizariam por si só. Milagres aconteceriam, pois a estrutura egóica que impede o milagre desapareceria.

Esse drama humano parece estar relacionado com os abusos que sofremos, mas, na verdade, ele existe para aprendermos a ter responsabilidade. Todo sofrimento é uma construção temporária criada para facilitar o nosso aprendizado. E todos os instrumentos de que precisamos para acabar com o sofrimento estão nas nossas mãos.

Quando não culpamos os outros pelos nossos problemas, nós culpamos Deus. Achamos que somos infelizes por culpa Dele. O culpado por não sermos felizes é sempre o outro. Não gostamos de ser colocados à prova, assim como Jó também não gostou. Não é nada divertido ver as nossas crenças mágicas caindo por terra.

Mas nós todos temos de perceber que nenhum encantamento mágico abrirá a porta da prisão. A coisa não funciona assim. A liberdade é algo muito mais simples e fácil de alcançar.

"Bem", você diz, "se eu ao menos tivesse um helicóptero ou um avião poderia sair deste buraco!" Você não percebe o quanto é absurdo o que está dizendo.

Esqueça o helicóptero, meu irmão. Basta usar a escada.

"Essa coisinha insignificante e ultrapassada? É bem pouco provável que uma escada possa me tirar daqui!"

Todos nós conhecemos esse diálogo. Já tivemos essa conversa antes.

Os outros continuam nos apontando a escada, mas nós continuamos olhando para o outro lado. Temos um certo apego ao papel de "vítimas inocentes".

O problema é que a vítima inocente nunca perceberá a escada. Ela nunca admitirá que tem os instrumentos de que precisa para acabar com o seu sofrimento. Pois, assim que admite que tem esses instrumentos, ela deixa de ser vítima. Ninguém mais terá pena dela. Toda encenação que ela faz no papel de criadora incapaz chegará ao fim.

Deus continua dizendo, "Odeio ter de dizer que não existem criadores incapazes".

Portanto, se queremos descobrir a nossa integridade, precisamos parar de bancar a vítima. Precisamos parar de fingir que ninguém nos deu os instrumentos certos. Precisamos pegar o barro nas mãos e começar a modelá-lo.

Qualquer um que faça isso vai parar de reclamar e tomará o leme da própria vida. Essa pessoa aprende a cuidar de si mesma e a deixar que os outros cuidem de si mesmos. Na verdade, ela deixa de achar que tem alguma obrigação com relação aos outros ou que eles tenham com relação a ela, e fica livre para seguir os ditames da mente e do coração.

Para a pessoa consciente de que a sua plenitude não lhe foi negada não existem desculpas. Não há razão para adiamentos. Não existe nada que a impeça de ser feliz.

A vida dela é a sua obra de arte e ela se ocupa dela assim como a abelha se ocupa de polinizar as flores. Se você lhe falar de sacrifício, ela dará risada e dirá, "O trabalho que não dá prazer nada vale neste mundo". E, é claro, ela estará certa.

Um artista não trabalha para outro a não ser que aprenda algo de valor com a arte desse outro artista. Quando ele pára de aprender, muda para outro professor ou começa a trabalhar em si mesmo. Ninguém pode mantê-lo longe da sua arte. Ninguém pode afastá-lo da sua própria vida. Pois a sua vida e a sua arte são uma coisa só.

Num mundo em que todos são gênios, não existem chefes ou empregados. Existem só professores e alunos numa associação voluntária.

Se você não gosta de onde está, tem de deixar esse lugar; do contrário, não estará se respeitando. Não se force a ficar num ambiente que deixou de lembrá-lo de que você é o criador da sua própria vida.

Como eu digo, "Deixe as suas redes". Não se esforce para ser merecedor, quando você já é. Se o seu emprego ou relacionamento não o faz lembrar de quem você é, abandone-o. Deixe de lado as barganhas neuróticas para conseguir amor e aceitação. E enfrente os seus medos. Você nunca criará asas se não aprender a usar braços e pernas. Não peça a Deus para fazer por você o que você tem de aprender a fazer por si mesmo.

Para mostrar o seu valor, você não precisa provar que o outro está errado. Só faça o que é bom para você e expresse a sua gratidão pelos outros. Quando toma posse da sua vida, você não abandona as pessoas de uma hora para outra ou cheio de raiva. Você se despede delas. Você abençoa a pessoa com que conviveu e o lugar onde viveram. Por ter abençoado o passado, você fica livre para deixá-lo para trás.

Você não pode "deixar as suas redes" e levar o peixe com você. Com o tempo, o peixe apodrecerá e exalará um cheiro fétido. Muito antes que você se aproxime, as pessoas perceberão que você está por perto. "O pescador está chegando." O seu passado caminha à sua frente. Não é esse o caminho para a liberdade.

Jogue fora o peixe. Devolva-lhe a liberdade para que você possa reivindicar a sua.

Seja firme em suas convicções sobre a sua própria vida, mas gentil com as outras pessoas. Não julgue a necessidade delas só porque você não pode satisfazê-las. Seja honesto quanto ao que você pode ou não pode fazer e deseje o melhor para elas.

Lembre-se, aquele que você rejeita seguirá você. Só a aceitação leva à conclusão.

Quando você estiver pronto para deixar de lado os emaranhados da sua vida e para tomar o caminho simples do amor e do perdão, isso ficará bem claro no seu coração e na sua mente. Não haverá mais luta, nem deliberação.

Na sua lucidez e generosidade, os outros vão se descontrair e libertar você. E você as levará no coração aonde quer que vá.

As únicas prisões deste mundo são aquelas que você mesmo cria. E somente aquele que ignora a própria genialidade poderia manter o outro refém contra a vontade dele.

Lembre-se, caro irmão e irmã: para cada prisão que você cria na sua mente, existe uma chave que destranca a porta. Se você não consegue destruir a prisão, pelo menos procure conseguir a chave da porta.

Você não é uma vítima deste mundo e sim aquele que está de posse da chave para a liberdade. Nos seus olhos está a centelha da luz divina que conduz todos os seres para longe das trevas do medo e da falta de confiança. E no seu coração está o amor que dá à luz toda a miríade de seres do universo. A sua essência é inquebrantável, plena, dinâmica e criativa. Ela só espera que você confie nela.

# A FUTILIDADE DO CONTROLE

A chave para viver em paz é a capacidade de ficar no presente. Você não pode viver no presente se acha que é você quem "faz" a sua vida.

Se achar que é você o "agente" da sua vida, você usará isso como justificativa para viver fazendo planos. Ora, eu não sugiro que você tente parar de fazer planos. Eu peço que, em vez disso, observe cuidadosamente o que acontece com os seus planos. Veja como eles sempre acabam mudando, passando por reviravoltas ou até virando fumaça, à medida que você começa a viver as suas experiências. Não importa o quanto você se esforce para tentar controlar a sua vida, sempre haverá surpresas inevitáveis. Sem essas surpresas, a sua vida seria unidimensional, rotineira e entediante.

O seu ego tem pavor do desconhecido. Não importa o quanto o seu passado tenha sido terrível; o ego prefere viver no passado do que enfrentar o presente desconhecido. Toda a energia dele é gasta na tentativa de transformar o presente em passado. Ele acha que isso dá segurança; mas, na verdade, só serve para gerar um terror contínuo, além de agravar ainda mais a ferida até o ponto de ela ficar tão dolorosa que o ego é obrigado a encará-la. Como você vê, tudo, até o seu ego, conspira para o seu despertar!

Portanto, o hábito de reviver o passado o tempo todo gera um terror absoluto. Externamente, a vida parece segura e previsível. Internamente, a dinamite está prestes a explodir.

Você acha que você é o agente da sua vida e que garantiu a sua segurança, quando, na verdade, a sua vida está prestes a explodir e você está na iminência de descobrir que não tem nenhum controle consciente sobre o que acontece. Você acredita que é poderoso, embora já tenha demonstrado muitas vezes que não tem poder nenhum.

Esse é um paradoxo interessante, não? Não importa o quanto se esforce, o ego não pode dar segurança. Não importa quantas vezes ele tente afastar você do presente, ele sempre acaba trazendo-o de volta com toda força, pois o preço da negação é a dor.

Quanto mais você tenta controlar a sua vida, mais a vida lhe transmitirá a mensagem de que ela não pode ser controlada. E então você se sentirá impotente e tentará controlá-la com mais determinação ainda. Percebe?

Esse é um jogo idiota. Você não pode ganhá-lo, mas também não consegue parar de jogá-lo. Esse é o maior dos vícios. Um vício que tem muitas formas. Até a obsessão por correr riscos é uma forma de controle. São infinitas as formas.

Quando começa a perceber que não é o agente da sua vida, você perde o apego subconsciente ao hábito de jogar para perder. O resultado disso é que você deixa de ser vítima da sua vida. Quando deixa de ser o agente, você também deixa de ser vítima, pois esses dois papéis sempre andam juntos. O agente é a vítima e a vítima é o agente. Esse é o ciclo de nascimento e morte, a roda kármica que você tem girado implacavelmente.

Quando a roda pára de girar, você enfrenta o desconhecido corajosamente, sem evocar o passado, sem projetar o futuro. Você aprende a olhar de frente os medos do desconhecido. E quando faz isso você descobre as dádivas e milagres que se ocultam do outro lado do seu medo.

O milagre não tem um preço alto. Você tem simplesmente de desistir do que acha que conhece. Quando o passado é deixado para trás e todo o seu conhecimento é descartado, a sua inocência é restaurada. Você encara o presente com plena consciência, deixando que ele se desenrole em você e através de você. Essa não é uma fantasia infundada, mas um convite para a experiência, um convite para que você participe do milagre da vida.

## OS TRÊS ESTÁGIOS DA CONSCIÊNCIA

O desenvolvimento da consciência humana passa por três estágios. O primeiro é o Conhecimento Subconsciente. Guiado pelos instintos e pelas emoções, esse estágio é o estado do homem primitivo ou do homem na condição de animal. O segundo estágio é o Conhecimento Consciente. Ele se caracteriza pela busca de informação, que forma o intelecto, mas no final das contas acaba espiritualmente vazia. Esse é o estado do homem moderno, ou do homem na condição de pensador. O terceiro estágio é o Conhecimento Supraconsciente. Esse é o estado de total renúncia a todas as soluções intelectuais, a toda a necessidade de controle ou planejamento. Ele é caracterizado pelo desconhecimento consciente e é o estado do homem divino, ou co-criador. Você está vivendo numa época em que o estágio dois está chegando ao fim e o estágio três está começando.

A passagem para o terceiro estágio requer que se viva de um modo diferente, tanto no nível individual quanto no coletivo. Ela requer que se repudie a mente controladora. Requer que se faça uma investigação cuidadosa da mente, dos medos que a fundamentam e da futilidade das suas criações.

Por viver com medo, a mente egóica busca segurança, mas nunca a encontra. Pelo fato de nunca investigar os próprios medos, ela é sempre guiada pelo medo inconsciente, e suas criações são projeções inconscientes desse medo. Isso inclui todos os tipos de drama de relacionamento.

É preciso encarar o medo. É preciso lidar com ele. É preciso torná-lo consciente. Isso derrama luz na escuridão. Acaba com a cisão entre ego e espírito, entre interior e exterior. A luz que surge quando se explora totalmente a escuridão não é a mesma luz que existe quando a escuridão é evitada. No estágio um, você evita a escuridão porque tem medo dela. No estágio dois, você a afasta ao tentar explicá-la. E, no estágio três, você aceita a escuridão e a integra.

No estágio dois, a sua alegria era frágil e superficial. Qualquer desafio profundo podia acabar com ela. No estágio três, a sua alegria é investigada a fundo. Os desafios são aceitos e consumados. Numa alegria com tal profundidade não existe espaço nem sequer para a possibilidade de castigo. Essa não é a alegria de Adão no Paraíso. Mas a alegria de Jó no deserto.

O estágio três consiste em acabar com a presunção da mente egóica. No estágio um, o homem ignora Deus. O Velho Testamento é o ensinamento para esse homem. Ele diz, "Faça isso ou Deus o punirá!" Ele está calcado no medo, no nível emocional mais profundo. É por isso que Deus destruía cidades inteiras em sua ira. A mensagem para o homem era: "Tome consciência do Deus fora de você".

No estágio dois, o homem tem consciência de Deus, mas ainda está separado dele. O Novo Testamento é o ensinamento do homem do segundo estágio. Ele diz, "Deus não é vingativo. Ele ama você e lhe pede que venha e aceite os seus ensinamentos. A sua vida será mais feliz se você deixar que Deus participe da sua vida". Os ensinamentos do estágio dois focalizam o que você perderá se não deixar que Deus participe da sua vida. Trata-se do ensinamento da persuasão, embora ainda se paute no medo e na separação.

Os meus ensinamentos sempre foram do estágio três. Eu sempre digo a você, "Você encontrará Deus no próprio coração e no coração dos seus irmãos. Deus nem sequer pode se separar de você, pois o divino faz parte da sua própria essência". Mas, quando as pessoas do estágio dois ouvem ensinamentos do estágio três, elas os interpretam à sua moda.

Agora isso está mudando. Muitos de vocês estão ouvindo os ensinamentos assim como eles foram transmitidos originalmente. Vocês estão em comunhão comigo na sua vida diária. Pedem constantemente a minha orientação e o meu amparo. Vocês estão começando a perceber que não sabem nada, que praticamente tudo o que aprenderam sobre mim ou sobre os meus ensinamentos é falso e tem de ser descartado. Vocês sabem que o único jeito de me ouvir é ouvindo o próprio coração e aceitando plenamente a sua experiência. Essa é a essência da sua entrega para mim.

Vocês estão pedindo agora, de modo muito simples e direto, um caminho sem medo. Vocês estão perguntando como ficar no presente. Estão dispostos a praticar o que eu ensino. Estão dispostos a ser participantes assim como observadores, exemplos assim como professores. Existem muitos apóstolos agora, muitos mais do que havia quando eu estava fisicamente presente na sua vida. Agora, juntos, podemos passar para o estágio três e viver a grande entrega — o fim do passado — e o estabelecimento da graça como um guia na nossa vida.

## GRAÇA E DESLEALDADE

Será que eu estou pedindo a você que deixe de lado todos os planos e pensamentos sobre o futuro? Sim, definitivamente estou. Toda a necessidade de pensar sobre o que vai acontecer daqui a pouco é um apego ao passado. É o medo mantendo você no medo. Reconheça isso. Não tenha nenhuma ilusão quanto aos seus planos.

No entanto, tenha compaixão por si mesmo. A sua maior responsabilidade é amar a si mesmo e ser gentil consigo mesmo, sempre. Não se torture porque não consegue parar de fazer planos.

Mas observe os seus planos e o que acontece com eles. E observe o que acontece quando você consegue deixar os planos de lado. Os planos não são os verdadeiros vilões. Eles são só o resultado do seu apego ao passado.

Se você tem de ter planos, que os tenha conscientemente. Observe-os conscientemente. Veja se as estruturas externas que você criou para a sua vida coincidem com a realidade interna que se manifesta. Veja como você se acomoda às circunstâncias levando em conta o que é verdade num momento e usando essa verdade para estabelecer regras para o momento seguinte.

À medida que observa, você verá que algumas coisas — muito poucas, suspeito eu — continuam iguais, mas a maioria passa por mudanças. A natureza da mente, com todos os seus estados de pensamento e sentimento, é mutável. O objetivo da sua observação é reconhecer o que é eterno e o que é temporal nesses estados. O eterno deve se tornar a base de toda estrutura da sua vida e o temporal tem de ser descartado a cada momento.

Não se desespere ao descobrir a temporalidade da sua mente. Ela não é ruim nem precisa ser condenada. Reconheça os fluxos e refluxos dos seus pensamentos e sentimentos. Reconheça-os sem julgá-los e isso o levará a transpor os próprios limites que eles parecem apresentar. Só o apego aos estados mentais gera sofrimento, não os estados mentais propriamente ditos.

Eu já disse muitas vezes: não construa os seus alicerces sobre uma base instável. Não construa a estrutura da sua vida sobre o que é mutável. Deposite a sua fé onde ela é segura, no leito rochoso da sua experiência. Aja com base na sua fonte interior de paz, não nos seus desejos. Pois os desejos são passageiros, enquanto a paz é eterna.

Os relacionamentos que contribuem para a sua felicidade, para a sua paz de espírito e para a cura das suas feridas merecem a sua atenção. Todos os outros são estratégias para ajudá-lo a aprender as suas lições, planejadas para motivar o seu despertar, mostrando-lhe como você é desleal consigo mesmo. Oportunidades para cultivar relacionamentos problemáticos existem em abundância. Noventa e cinco por cento do terreno psicoemocional com que você se depara na vida não são propícios para construções. Uma parte dele é feita de rocha áspera e implacável, a outra parte de sedutora areia movediça. Se você se valoriza, não construa seu ninho nesses lugares. O engano pelo qual você passará não será culpa de ninguém, porque sempre que somos enganados isso é sinal de que estamos enganando a nós mesmos.

Seja gentil consigo mesmo. Ninguém mais pode consertar a sua vida ou lhe dar a alegria que você já tem no coração. Construa sobre o que você tem, não sobre o que você quer. Pois o querer é uma ilusão passageira. Assim que o desejo é satisfeito, outro o substitui. A cadeia de desejos é infindável. Ela sempre o leva para longe de si mesmo. O pântano dos desejos é um péssimo lugar para lançar os alicerces da sua casa.

Os melhores relacionamentos são fáceis, pois as duas pessoas são respeitadas. Elas se dispõem a ser honestas. Sem segredos, o diálogo é possível. Com diálogo, a intimidade cresce e a constância se estabelece. O que é verdade hoje também será verdade amanhã. E, no entanto, além dessa simples verdade, o amanhã é completamente desconhecido. Esse é um terreno sólido. É aí que devem ser lançados os alicerces da sua vida.

Você já ouviu a expressão "A pressa é inimiga da perfeição"? É verdade. Tudo o que você valoriza profundamente tem toda a sua atenção e carinho. Você nutre, rega e faz com que floresça em toda a sua exuberância e verdade. Isso não acontece do dia para noite. Não acontece exatamente como ou quando você quer. Floresce com o seu comprometimento, com a sua constância e com a sua devoção. O que você ama prospera. Desenvolve-se. Cria raízes e asas. Esse é o movimento da graça na sua vida.

Como você vê, não é só uma questão de abandonar os seus planos, embora essa atitude sem dúvida leve você ao limiar da paz. É uma questão de descobrir o que é real, o que é verdadeiro, o que é constante e digno de confiança dentro de você. Se descobrir isso, você pode oferecer essa descoberta ao outro. Isso é, na verdade, a única coisa que você pode oferecer que não seja um ataque.

Encontre o que é sólido dentro de você e pare de buscar solidez nos outros. Essa solidez nunca vem de fora. Se a sua vida estiver calcada na verdade da sua experiência, então essa verdade pode ser compartilhada. Mas, se você busca fora de você a verdade, o amor ou a salvação, você vai se desapontar muitas vezes. Só o respeito por si mesmo faz com que o ser amado se aproxime de você. Aqueles que se viram do avesso em busca de amor simplesmente afastam o ser amado.

Quem é o ser amado, afinal das contas? Ele é só o espelho do seu próprio comprometimento com a verdade. Quando você repousa na sua paz, o ser amado repousa dentro de você. Quando ilude a si mesmo, com qualquer pessoa, o ser amado lamenta.

A graça está no comprometimento constante consigo mesmo, um comprometimento que diz "Não" gentilmente a todas as pessoas que tentam fazer você trocar os seus sonhos pelos delas. Você não tem apenas de dizer "Não" ao convite para iludir a si mesmo, mas dizer "Não" sem julgamento, para que o outro não seja culpado da sua desgraça.

A ilusão do abuso acaba tão logo a vítima deixa de ser vítima, tão logo a pessoa acorda e diz "Não. Isso não está bom. Por favor, pare!"

Toda a sua experiência física é um despertar para a responsabilidade que você tem consigo mesmo. Você veio a este mundo para iludir a si mesmo nas mãos do seu irmão. Ele é simplesmente um instrumento da autotraição. Quando percebe isso, você se perdoa e perdoa o seu irmão. Você deixa o passado para trás. Você encara o presente de modo autêntico e livre.

Eu lhe disse que você é livre para viver a vida que escolheu. "Mas não dá!", você diz, apontando para as correntes que lhe prendem os pés.

"Quem criou as correntes?", pergunto eu.

"Deus!", você exclama cheio de raiva.

"Não, não é verdade. Deus não criou as correntes. Se tivesse criado, você nunca escaparia da prisão das suas próprias crenças."

## MAPAS E PLACAS

Quando você viaja, é bom que consulte um mapa. O mapa é uma construção intelectual que ajuda você a ter uma idéia de como proceder. No entanto, o mapa não é, nem nunca será, uma descrição real das estradas. Nenhum mapa pode lhe informar as verdadeiras condições das estradas. Só a experiência pode fazer isso.

Seja qual for a situação, sempre chega um ponto em que terminam as preparações e começa a experiência. A certeza de que você está bem preparado lhe dá confiança, mas só a confiança em si mesmo garante o seu sucesso. A confiança é uma grande entrega à experiência. É uma atitude de fé.

Chega um dia em que todo mundo tem de deixar o mapa de lado e seguir em frente. Talvez a pessoa se depare com uma construção inesperada, um desvio ou uma mudança nas condições meteorológicas. Dirigir um carro é diferente de olhar um mapa.

O melhor que o pensamento linear e seqüencial pode fazer por você é lhe dar um mapa da sua possível experiência. Ele não pode lhe guiar ao longo dessa experiência. Quando você está passando pela experiência, encontra placas que o ajudam a encontrar o melhor caminho. As placas indicando um desvio lhe dizem que é preciso mudar de direção. As placas das rodovias lhe dizem para pegar a pista da esquerda ou da direita. Há placas sinalizando os locais onde você poderá comer, dormir ou abastecer. Sem ler essas placas, você talvez não consiga fazer uma boa viagem.

As placas são uma interface entre a realidade exterior e a interior. Elas são criadas pela nossa ligação intuitiva com a vida. As placas só são possíveis no momento presente. Você não vai ver uma placa dizendo "vire à direita amanhã ou no mês que vem". As placas dizem para que você vire à direita agora ou daqui a alguns instantes. Elas mostram como trafegar aqui e agora e são extremamente úteis e importantes. Infelizmente, elas são quase totalmente negligenciadas pelo lado esquerdo do cérebro, a mente linear.

Quando você inicia uma viagem, o mapa pode ser muito útil. A informação do lado esquerdo do cérebro pode ajudar você a se preparar. Mas, uma vez na estrada, as placas são uma necessidade. Você está prestando atenção nas placas que surgem na sua vida? Ou está tentando viver só com base no que está no mapa?

Todos vocês têm acesso à orientação num nível emocional profundo. Se estiver atento ao que acontece na sua vida, você perceberá os sinais que surgem no seu caminho. Eles podem lhe dar simplesmente uma sensação de que algo está certo ou errado, mas essa em geral é a única informação de que você precisa. Você não tem de ter a visão de um santo para receber orientação.

A orientação é a maior aliada que você tem na vida. Quando confia nessa orientação, você só precisa de um mínimo de planejamento. Mas, quando a ignora, nenhum planejamento deste mundo consegue fazê-lo chegar em casa.

Se sabe aonde tem de ir, você pode confiar que a sua orientação o ajudará a chegar lá. Tentar imaginar "como chegar lá" intelectualmente é um exercício inútil. Simplesmente não dá para saber de antemão. Mas, quando você está a caminho, as placas aparecem e você sabe que rumo tomar.

Quanto mais confia na sua orientação, mais espontânea a sua vida fica. Os planos nunca são definitivos, pois levam em conta as mudanças e dádivas inesperadas. Mas isso não quer dizer que o seu comprometimento não seja total. Na verdade, você é capaz de assumir grandes compromissos. E, quando cumpre esses compromissos, faz isso sem sacrifícios.

## A REVISÃO DOS COMPROMISSOS

Muitas vezes, os compromissos precisam ser revisados ao longo da vida. Alguns planos para o futuro não se materializam. Não importa o quanto você tenta seguir um plano, ele simplesmente não dá certo. Esse é um sinal de que é preciso fazer um ajuste, deixar para trás as expectativas passadas e se abrir para o que acontece no momento.

A revisão dos compromissos não é um sinal de fraqueza ou de inconstância, a menos que ela aconteça com freqüência. Quando algo parece não estar funcionando na sua vida, a melhor coisa a fazer é dizer a verdade para as outras pessoas envolvidas. O mais provável é que você descubra que elas também tinham reservas com relação ao mesmo plano. A revisão do plano é, portanto, algo que beneficia a todos.

Haverá ocasiões em que você solicitará uma mudança no compromisso, a qual não agradará as outras pessoas envolvidas. Você precisará então levar a opinião delas em consideração e descobrir se essa mudança é realmente importante para você. O cumprimento do que foi planejado é realmente importante para a outra pessoa? Você vai conseguir cumprir o seu compromisso sem desrespeitar a si mesmo? Se a sua intenção é se respeitar e respeitar também as outras pessoas, é bem possível que vocês consigam encontrar uma solução que contente a todos. A descoberta de soluções que levem a vontade de todos em consideração será mais fácil se você acreditar que o seu bem maior nunca está em conflito com o bem maior das outras pessoas.

O abuso e a deslealdade acontecem quando os planos são seguidos com rigidez ou os acordos são quebrados pelo medo. Se você assumiu um compromisso, mas não se sente à vontade para cumpri-lo, você precisa dizer isso às outras pessoas envolvidas. O mais importante neste caso não é cumprir a promessa feita, mas comunicar a mudança que ocorreu no seu coração ou no compromisso. Em todos os casos, você sempre demonstra mais respeito pelos outros quando diz a verdade sobre a sua experiência.

A deslealdade acontece por meio da reatividade. O medo vem à tona e não é reconhecido ou comunicado. Isso gera um comportamento provocado pelo medo que é um ataque contra as outras pessoas. A alternativa é a comunicação sincera. Quando você diz ao outro, "Eu estou com medo e não tenho certeza de que conseguirei cumprir o compromisso que tenho com você", você está mostrando respeito por si mesmo e pela outra pessoa. Mas, se você não diz nada e se retrai com medo ou age com hostilidade, você está simplesmente agravando o seu medo (e provavelmente o da outra pessoa também).

A questão do compromisso é uma das mais difíceis para os seres humanos. O medo de ser controlado, abandonado ou traído é universal. Aqueles que exigem o amor das outras pessoas ou aceitam as exigências que os outros lhe fazem acabam sendo traídos ou abandonados. Isso porque eles estão sendo desleais consigo mesmos.

Dizer "Sim" ou "Não" a outra pessoa é uma mensagem clara. Mas dizer "Sim" querendo dizer "Não" ou vice-versa só criará condições para o abuso.

Compreender que você disse "Sim", mas que isso agora não lhe parece a melhor decisão é o primeiro passo para começar a respeitar a si mesmo. Dizer isso ao parceiro é o segundo passo.

Definitivamente, ninguém deve manter outra pessoa presa a um compromisso feito no passado, mas que não funciona mais no presente. Se você não consegue libertar a outra pessoa do passado, como vai conseguir libertar a si mesmo?

O que interessa não é saber se vocês ficarão juntos ou não, mas tomar essa decisão em comum acordo, com honestidade e respeito mútuo. Essa é a chave de tudo.

## NECESSIDADES

O seu maior descompasso com o ritmo do amor é a crença de que existe algo que você pode dar à outra pessoa ou receber dela. Essa crença e as manipulações a que ela dá margem causarão na sua vida um sofrimento além de qualquer medida.

Pense na razão por que você sempre se decepciona nos seus relacionamentos. Tudo o que você busca no outro sempre paira na sua frente como um balão cheio de água. Assim que você lhe dá uma picada, ao exigir o amor que acha que merece, o balão estoura e você fica encharcado. Seja honesto: você alguma vez já recebeu de outra pessoa aquilo que queria que ela lhe desse? É claro que não! A única razão por que essa pessoa entrou na sua vida foi para lembrá-lo do que você precisa dar a si mesmo.

Reflita sobre a razão por que você sempre se dá mal quando tenta dar algo a outra pessoa, ajudá-la ou consertá-la. A própria necessidade de consertar alguém já dá mostras de que você não se aceita do jeito que é.

Sempre que existe a "necessidade" ou compulsão de dar ou receber, é sinal de que você está muito longe do amor. Quando existe amor, você dá e recebe livremente, sem apego.

É por isso que você só pode dar e receber o que já tem, não o que não tem. A tentativa de dar ou de receber do outro o que você não tem é inútil. Ela só pode acabar em decepção e sofrimento.

Se ama uma pessoa, você será amado, porque o amor sempre volta para a sua fonte. Se exige amor, você receberá em troca exigências em vez de amor. Você colhe o que planta.

A lei da energia é circular. O que vai volta e o que volta vai. Então como "conseguir" algo que você não tem? É impossível!

A verdade é que você tem tudo de que precisa. Nada do que você precisa lhe foi negado. Nesse sentido, você só pode "precisar" do que não precisa.

Por favor, reflita sobre esse paradoxo. Eu não estou tentando confundir você.

Se você "precisa" de algo, então acredita que não tem isso para dar. Se não tem isso para dar, como pode recebê-lo?

Por outro lado, se você sabe que tem isso para dar, você dará e receberá de pronto. E nesse caso você não "precisará" disso.

A percepção da falta bloqueia a abundância. Na verdade, a falta não é real. Mas a crença na falta é real. Portanto, é a crença que torna a falta real.

Se você quer demonstrar abundância, questione toda "necessidade" que você tem. Basta que "precise" de algo para que não possa tê-la. Tão logo deixe de "precisar" dela, ela aparece bem na sua frente.

Ninguém precisa de amor. Ninguém precisa de dinheiro. Ninguém precisa de nada. Mas aqueles que acreditam que precisam, buscam sem encontrar.

Essa é uma lei simples. Você não pode receber o que não consegue dar e não pode dar o que não consegue receber.

Dar e receber são a mesma coisa. Dar é receber. Receber é dar. Quando descobre isso, o jogo acaba. O mistério é revelado.

## A CONSCIÊNCIA DA IGUALDADE

O fato de ter um corpo dá a você a oportunidade de investigar a crença equivocada de que as suas necessidades são diferentes das necessidades das outras pessoas. Assim que você começa a perceber que as suas necessidades são iguais às delas, o véu começa a cair. Você pára de precisar de tratamento especial. Pára de conferir aos outros tratamento especial.

O que você quer para um, você quer para todos. Você não considera uma pessoa mais importante do que as outras.

A consciência da igualdade é o começo da transcendência do corpo e do mundo físico. Quando não precisa mais se manter separado das outras pessoas, você consegue servir sem apego. Consegue dar sem precisar saber como a sua dádiva será recebida. O serviço é uma oportunidade, não um emprego. Ao servir aos outros, você não é o servidor. Você não pode servir e, ao mesmo tempo, ter uma identidade.

Você só pode ser útil na medida em que não tem interesse próprio. Se você precisa "ajudar" os outros, isso é sinal de que você só está disfarçando a sua própria necessidade de receber ajuda.

O objetivo, veja bem, não é ir além do corpo ou para fora dessa dimensão. O objetivo é acabar com a crença na separação que dá origem à idéia de que um corpo é diferente do outro.

Todos os corpos são iguais em essência. Todos os corpos precisam ser iguais em essência. Todas as necessidades emocionais são iguais em essência. Todas as crenças na separação são iguais em essência.

Quando ajudo você, eu ajudo a mim mesmo. Eu ajudo a minha mãe e o meu pai. Eu ajudo o meu primo em segundo grau. Eu ajudo um bêbado na rua. Eu estendo a mão a todos que precisam de ajuda. A ajuda não tem nada a ver comigo, na condição de quem ajuda, ou com você, na condição de quem recebe a ajuda; ela consiste apenas na disposição de dar e receber naquele instante. A ajuda é para um e para todos. Você não pode oferecê-la para um sem oferecê-la a todos. Nem pode oferecê-la a todos sem oferecê-la a um.

Não existe tempo ou distância entre o um e o muito. Um está contido no outro.

## OS DOIS CAMINHOS DE LIBERTAÇÃO

O tempo e o espaço só existem no nível dual, da comparação, do julgamento, da separação. O meu corpo, o seu corpo. A minha idéia, a sua idéia. A minha casa, a sua casa. É aí que o corpo começa. Sem o masculino, não haveria o feminino. Sem os pais, não haveria o filho. Sem o preto, não haveria o branco. Todas as coisas existem no relacionamento com seus opostos e são, na verdade, definidas por eles.

A mente que cultiva a comparação, cultiva a separação. O conhecimento, nesse sentido, está baseado na separação. É por isso que é impossível "conhecer" Deus. Tão logo O "conhece", você perde a experiência da unidade.

Grande parte da frustração que você sente no caminho espiritual vem do fato de que não pode viver uma coisa e estudá-la ao mesmo tempo. Se se distancia e observa, você não participa. E, se participa, você não pode observar.

Um método espiritual exige que você se torne um observador. O outro exige que você seja um participante. Os dois métodos funcionam, mas você não pode praticar ambos ao mesmo tempo. Se quiser "conhecer", você tem de aprender a se distanciar e observar. Se quiser "ser", você precisa mergulhar na experiência.

Os meus ensinamentos são para aqueles que gostariam de mergulhar. Trata-se de uma jornada experimental até as raízes do abuso. Você aprende cometendo erros e aprendendo com eles. Esse é o processo de expiação.

# ABENÇOE O SEU CORPO

Sempre que eu chamo a atenção para as limitações inerentes ao corpo físico, alguém inevitavelmente acha que eu quis dizer que "o corpo é ruim ou maligno". Essa necessidade de rejeitar o corpo é uma forma de apego a ele. Onde há resistência ao desejo, o desejo se torna mais forte.

O corpo não é ruim nem inferior de maneira alguma. Ele é simplesmente temporário. Você nunca encontrará o significado mais profundo da vida por meio da satisfação das necessidades do corpo. E, devo acrescentar, você também não encontrará esse significado negando-lhe as necessidades. Cuidar do corpo é um ato de graça. A preocupação com os prazeres ou dores físicas nada mais é do que uma graça.

Se você quer seguir o caminho que eu lhe indico, aceite o seu corpo plenamente e cuide dele com carinho. Quando o corpo é amado, ele cumpre os seus deveres sem reclamar.

Fique atento aos seus sentimentos. O sentimento de culpa geralmente se manifesta no corpo físico. Se está se sentindo mal com relação a algo que disse a um amigo ou membro da família, você pode acabar machucando a boca, a língua ou os dentes, ou tendo dor de garganta ou laringite.

Seja sensível aos sintomas que o seu corpo apresenta. Eles mostram como o seu corpo está tentando cumprir as ordens conscientes e subconscientes que recebe de você.

Você não vai conseguir aprender a amar a si mesmo se negligenciar o corpo. Em vez disso, aceite o corpo com amor e ele se tornará um servo disposto à cumprir as metas do Espírito.

Mesmo que fosse possível negligenciar totalmente o corpo físico, a liberdade não seria alcançada assim. Pois, depois da morte do corpo físico, vivemos em outro corpo. Cada corpo é um abrigo ou véu que abriga a alma com algum grau de ignorância ou limitação. Sempre somos atraídos para a forma corporal que nos possibilita viver plenamente nosso nível atual de medo. Quanto menos passageiros são os nossos medos, mais denso o corpo precisa ser para contê-los.

Por isso, eu digo a você que é inútil tentar escapar do corpo em que está. Aceitar o corpo é uma das lições desta encarnação. E isso, meus amigos, inclui a sexualidade.

Deixe que o ato de fazer amor seja prazeroso, seja um ato de entrega ao Cristo que existe em si mesmo e no seu parceiro. O amor físico não é menos belo do que outras formas de amor, nem pode ser separado delas. Aqueles que vêem o amor físico como um ato profano o viverão dessa maneira, não porque ele seja assim, mas porque é assim que eles o vêem.

Se você e o seu parceiro concebem uma criança por meio da celebração física do seu amor, vocês não considerarão esse filho como um fardo. Se ela for encarada assim, então analisem o relacionamento entre vocês. A criança sempre funciona como um barômetro do relacionamento.

Depois que uma criança entra na sua vida, ela se torna parte integrante da sua encarnação. Não existe forma de fugir à responsabilidade por esse relacionamento. Ele durará a vida inteira. E você usará esse relacionamento, assim como usa todos os seus relacionamentos mais íntimos, para diminuir a sua culpa ou para intensificá-la. E isso vale tanto para o caso de você continuar com o seu parceiro ou não.

Regras dogmáticas sobre o casamento e sobre os filhos não ajudam em nada se você quer trilhar este caminho. Eu lhe peço que "ame a todos igualmente". Isso inclui o seu cônjuge e os seus filhos. Se se distanciar do seu cônjuge ou dos seus filhos sem perdoá-los de coração e deixando questões em aberto, você estará simplesmente adiando uma resolução que terá de acontecer mais cedo ou mais tarde, para que você tenha paz.

Importa quanto tempo demore? Para mim não, mas eu não estaria sendo honesto com você se não dissesse que a demora só provoca mais sofrimento.

Você pergunta, "Está certo tirar a vida de uma criança no útero?" Devo dizer que nunca está certo tirar uma vida, em nenhuma circunstância. Isso significa que isso não acontecerá? Não, com certeza acontecerá. E, quando acontecer, é preciso ter compaixão por todos os envolvidos.

Você não vive num mundo perfeito. Esperar que os outros sejam perfeitos é o mesmo que atacá-los. Não é isso o que eu ensino. Até mesmo a idéia de que os outros estão errados é uma forma de ataque.

Não ataque o seu irmão ou a sua irmã. Isso não traz nada de bom.

# A MORAL RELIGIOSA

A moral religiosa é um ataque disfarçado. Só os arrogantes acham que detêm o conhecimento exclusivo da verdade e o direito de julgar ou ensinar os outros.

A religião cristã — que se diz inspirada por mim — está crivada de casos de arrogância espiritual. A violência contra outras pessoas, sob o pretexto que for, não se justifica.

É inevitável, eu suponho, que apareçam pessoas procurando um púlpito onde pregar suas idéias. E que existam outras, incertas na sua fé, que as ouçam e as chamem de Messias. Proclamando os ensinamentos dela, essas pessoas estão negando a sabedoria que reside no próprio coração. Mas ídolos assim sempre acabam caindo e, quando isso acontece, o medo de seus seguidores vem à luz e é curado.

Aquele que prega num púlpito pode ser tolo, mas aquelas que dão ouvidos a ele ainda são mais tolas. E mais tola ainda é aquela que condena um ou as outras.

Precisamos aprender a deixar que os outros vivam e aprendam. A única ajuda que podemos lhes dar é a nossa aceitação e o nosso amor, não o nosso julgamento.

Não sou eu quem condena o adultério, o divórcio ou o aborto. Pois, se eu condenasse essas situações, os envolvidos seriam crucificados. Teríamos outra Inquisição, outra guerra santa entre o bem e o mal, entre os justos e os injustos.

A minha tarefa não é condenar, mas compreender e abençoar. A minha tarefa é ver o medo nos olhos das pessoas e lembrá-las de que são amadas.

Se essa é a minha tarefa, por que eu deveria espancar, queimar e excomungar aqueles que mais precisam do seu amor? Você me rebaixou até o nível do seu medo, colocou palavras na minha boca e atribuiu-as a mim. Meu amigo, pare com isso e olhe para si mesmo. Você entendeu mal. Você está enganado. Os meus ensinamentos são sobre o amor, não sobre julgamento, condenação ou punição.

Eu só dei a você duas regras: ame a Deus e amem uns aos outros. Só essas duas regras são necessárias. Não me peça mais. Não me peça para tomar partido nas suas batalhas novelescas. Eu sou a favor ou contra o aborto? Como eu poderia ser uma coisa sem ser a outra? Não é possível.

Quando a verdade chegar até você, você não precisará mais atacar o seu irmão. Mesmo que você ache que está certo e que ele está errado, você não jogará "a verdade" na cara dele, mas oferecerá a ele o seu entendimento e o seu apoio. E juntos vocês chegarão mais perto da verdade, por causa do amor e da gentileza que compartilham.

Toda vez que eu ofereço um ensinamento, alguém faz dele uma chibata para açoitar as pessoas. Por favor, meus amigos, as palavras que são usadas para açoitar alguém não podem vir da minha boca.

Eu ofereço a você a chave da porta interior. Peço que a use e não se preocupe com os pensamentos ou com as palavras dos outros. Trabalhe em si mesmo. Quando tiver estabelecido a verdade no seu próprio coração, você poderá sair por aí e compartilhá-la com os outros.

Se quiser praticar esse ensinamento, aprenda-o primeiro. Não seja um porta-voz de palavras e crenças que ainda não fazem parte da sua vida. Não se intitule soldado de Cristo, pois eu não tenho nenhum. Todos que difundem os meus ensinamentos fazem isso a partir do mesmo nível de consciência que eu. Do contrário, o que eles difundem não poderia ser um ensinamento meu.

Um homem ou uma mulher de Espírito tem compaixão por todos os seres. O que eles dizem demonstram com suas ações. Você não os verá sendo ríspidos com as outras pessoas nem exigindo delas que os sigam ou satisfaçam a sua vontade. Eles de fato têm uma certeza interior que confere um certo ar de autoridade ao que dizem. No entanto, eles nunca dirigem essa autoridade aos seus ouvintes. Pois estes, e somente estes, podem escolher as premissas pelas quais nortearão a própria vida.

# 2

# O Relacionamento Certo

## O COMPASSO DO CORAÇÃO

Muitos de vocês acreditam que os relacionamentos farão com que sejam felizes. Nada poderia estar mais longe da verdade. A promessa da realização por meio do relacionamento é uma brincadeira de mau gosto. Isso você logo descobrirá.

Só existe um caminho para a verdadeira realização na vida: aprender a se amar e a se aceitar. Sobre esse alicerce, os relacionamentos deixam de ser traumáticos. Isso talvez aconteça porque você deixa de ter tantas expectativas com relação a eles. Quando você aprende a ficar do seu próprio lado, é mais fácil ficar do lado do outro.

Mas, se a sua vida é um vôo para longe de si mesmo, como você espera que algum relacionamento tenha raízes firmes no chão? Simplesmente não é possível. Tudo o que você tem é um bater frenético de asas num céu abarrotado. Na época em que você vive, quando as estruturas familiares estão indo abaixo, cada vez mais pessoas estão lutando para fincar raízes. Os ritmos existenciais da aceitação e do amor estão sendo destruídos. Os alicerces da confiança estão abalados no coração da maioria das pessoas. Isso sempre acontece quando o velho está morrendo e o novo desponta. Essa é uma época de trauma e transição.

Reconheça essa verdade. Não busque a felicidade fora de você em tempos de grandes traumas. O resultado dessa busca será um preço mais alto do que você pode pagar. A sua própria dor já é material suficiente em que você trabalhar. Não a deixe ainda maior assumindo também o sofrimento de outra pessoa.

Se você quiser fazer par com alguém na dança da vida, primeiro finque as suas próprias raízes. Aprenda a ouvir a sua orientação interior. Converse com a criança ferida e com o hóspede divino que moram dentro de você. Pratique o perdão e a compaixão por si mesmo. Atenha-se à sua própria experiência e aprenda com ela. Entre no compasso da vida. Não se feche para os outros, mas também não se desvie do seu caminho para encontrá-los. Aqueles que sabem dançar encontrarão você no meio do caminho. Não será uma luta. Você encontrará companhia sem precisar fazer esforço algum.

É assim que deve ser. Se você está em paz com o seu parceiro, é sinal de que está no relacionamento certo. Se não está em paz, é sinal de que o relacionamento é inadequado ou prematuro.

Os relacionamentos inadequados acentuam os padrões de abuso do passado. Aprender com eles é doloroso. Pode-se e deve-se fazer uma escolha melhor. Mas, para fazê-la, a pessoa precisa ser capaz de dizer ao outro o que quer. Se você deixar que o outro determine os termos do relacionamento, não se surpreenda se não se sentir respeitado.

Você sabe o que é bom para você e o que não é. Diga do que você precisa, expresse a sua verdade e seja firme no seu compromisso com a sua própria cura. Só por meio da sua determinação em respeitar a si mesmo você conseguirá atrair um parceiro disposto a fazer o mesmo.

Existem verdades simples. Mas elas não são praticadas. A todo momento você faz concessões, aceita regras impostas pelos outros e é desleal consigo mesmo. Você deve estar cansado de repetir a mesma lição e aprofundar a ferida.

Eu lhe direi uma coisa da maneira mais clara possível: se você não souber cuidar de si mesmo e se não estiver disposto a aprender, ninguém mais

vai fazer isso por você. A sua falta de amor-próprio e de comprometimento consigo mesmo atrai pessoas com lições parecidas ao seu campo vibracional. Vocês vão acabar só refletindo um para o outro a falta de compreensão e comprometimento que têm com relação a si mesmos.

É impossível ter um compromisso com outra pessoa sem ter um compromisso consigo mesmo. Isso é importante. Aqueles que tentam agir com altruísmo estão pondo o carro na frente dos bois. Aceite-se primeiro e depois você pode aceitar o outro. Eu não estou pregando o egoísmo, mas a entrega absoluta ao divino que existe dentro de você.

A pessoa amada só aparece quando a pessoa tem um compromisso consigo mesma. Ela se manifesta externamente assim que esse compromisso passa a ser digno de confiança. O compromisso exterior e o interior passam, então, a andar juntos. Ao adorar o ser amado, a pessoa está adorando o eu divino que vive em muitos corpos. Esse é o relacionamento sagrado.

Poucas pessoas encontram o ser amado nesta vida, pois poucas aprenderam a respeitar a si mesmas e a curar suas feridas. No entanto, você pode ser uma dessas pessoas privilegiadas se estiver disposto a se responsabilizar pela sua própria cura. Assuma esse compromisso e o ser amado saberá disso.

Faça este simples voto: Eu juro que não serei mais desleal comigo mesmo nem me desrespeitarei em meus relacionamentos. Eu expressarei honestamente o que penso e o que sinto, com compaixão pelo outro, mas sem me apegar ao modo como ele reage a essa informação. Confio que, dizendo a verdade e respeitando-me, eu estarei em comunhão com o ser amado. Você não tentará mais "fazer com que o relacionamento dê certo", sacrificando-se para tentar satisfazer as necessidades do seu parceiro.

## O CASAMENTO

O casamento precisa começar primeiro no coração do casal. Todos os relacionamentos compromissados têm algo em comum: um deseja o melhor para o outro. O casal está disposto até mesmo a se separar se sentir que assim o parceiro será mais feliz. Ao contrário da crença popular, os laços do matrimônio não aprisionam, mas libertam.

A pessoa quer a maior felicidade possível para o parceiro, assim como quer a maior felicidade possível para si mesma. Ela ama o parceiro assim como ama a si mesma, com o mesmo amor.

Num relacionamento de verdade, as necessidades do nosso parceiro são tão importantes quanto as nossas. Não são nem mais nem menos importantes, mas igualmente importantes.

O casamento faz com que a pessoa estenda ao parceiro o mesmo carinho, a mesma atenção amorosa que ela tem consigo mesma. Não se trata de fazer algo novo, mas de fazer algo que ela já sabe fazer.

O casamento não é a promessa de ficar juntos pela eternidade, pois ninguém pode prometer algo assim. É a promessa de estar presente no "agora". É um voto que precisa ser renovado a cada momento para que tenha significado.

Na verdade, você pode estar casado num momento e não estar casado no momento seguinte. O casamento é, portanto, um processo, uma jornada em que se aprende a ficar consigo mesmo e com o outro.

Todos os casais deveriam se lembrar freqüentemente do compromisso que têm um com o outro. Quando se perde esse compromisso de vista, profana-se o casamento. Os casos de adultério são simplesmente o resultado lamentável da falta de intimidade entre os parceiros. O adultério não é o problema, mas o sintoma do problema.

Se você tem um compromisso de verdade com o seu parceiro, é impossível traí-lo, pois trair o parceiro é como trair a si mesmo. Você simplesmente não consegue fazer isso.

Você pode sentir atração por outra pessoa, mas não sente vontade de estar com ela. Você não fica imaginando como seria levar essa pessoa para a cama.

Quando você é casado, o desejo sexual é uma parte importante do sacramento. O casamento deve ser a união de todos os chakras. A paixão sexual faz parte de uma atração maior pela outra pessoa. Quando essa atração acaba, o sexo se torna um ataque. .

Muitas pessoas casadas praticam o sexo não-devocional. Esse é o começo de um processo de fragmentação que geralmente culmina na infidelidade. Isso só acontece, no entanto, porque a pessoa profanou o relacionamento praticando sexo sem amor e sem entrega.

Quando o amor é recíproco e existe entrega, a sexualidade é extremamente enaltecedora e sagrada. Nada que venha de fora pode ameaçar o relacionamento.

Mas, quando o diálogo entre o casal já não é o mesmo, quando os parceiros não têm momentos de intimidade, o relacionamento passa a ser uma concha em que a pessoa se esconde. O relacionamento deixa de ter energia e comprometimento e o sexo passa a ser um ato de traição física.

O casal só consegue restabelecer o diálogo se houver disposição e confiança de ambas as partes. Pois o objetivo da união de todos os chakras só se realiza por meio do amor, da energia e da atenção.

## O DIVÓRCIO

Os relacionamentos sempre acabam por conta própria. A energia e o interesse simplesmente deixam de existir. O caminho para o divórcio começa com o reconhecimento de que o casal não tem mais um objetivo em comum, nem atração energética um pelo outro.

Nem todos os relacionamentos têm de acabar em casamento. Alguns são experiências temporárias de aprendizado que duram poucos meses ou anos. Lamentavelmente, as pessoas se casam antes de sondar o coração para saber se de fato encontraram um parceiro para a vida inteira. Mas, contanto que ambos reconheçam o erro que cometeram, ninguém sai machucado.

A vergonha por ter cometido um erro no casamento não beneficia ninguém. Muitas pessoas cometem erros. Algumas sofrem com esses erros, mantendo o relacionamento mesmo quando ele já perdeu há muito tempo o seu caráter sagrado. Outras rompem o relacionamento cedo demais, muito antes de terem aprendido as lições que ele traz e resolvido questões inacabadas com o parceiro.

Isso não é nenhuma novidade.

O divórcio, assim como o casamento, começa primeiro no coração do casal. Trata-se de um processo orgânico em que um se desvencilha do outro. Quando o relacionamento já chegou a um ponto em que os parceiros não conseguem mais continuar juntos ou não estão mais dispostos a isso, a única solução humana é o divórcio. É falta de ética tentar ficar com uma pessoa contra a vontade dela. No melhor dos casos, o divórcio acontece com um sentimento de gratidão com relação ao parceiro, pelo tempo de convivência. Quando isso acontece, não se trata de uma separação, mas de uma conclusão.

Seria desonesto afirmar que os filhos não são afetados pelo divórcio dos pais. Por outro lado, eles também se magoam com a falta de disposição dos pais para se amar e respeitar um ao outro. Se o afastamento causado pelo divórcio ajuda o casal a voltar a se respeitar, isso se estende aos filhos, que sempre se beneficiam quando vêem os adultos se tratando com amor e respeito. Contudo, no processo de divórcio, os pais devem procurar dar atenção constante aos filhos para que eles não se sintam abandonados ou culpados. Isso nunca deve ser esquecido.

## O PROCESSO E AS FRONTEIRAS PESSOAIS

Para aprender a ter um relacionamento, você precisa conhecer as suas fronteiras, ou seja, saber onde acaba você e começa o outro. Você precisa saber que material psicológico pertence a você, para que não projete os seus medos e inseguranças no parceiro ou, se fizer isso, saber como se apropriar novamente desse material. Nada é mais confuso num relacionamento do que o ciclo de projeções mútuas. Embora o processo de projeção — quando você vê os seus próprios traços de personalidade no outro — possa ser útil, a maioria das pessoas ainda não desenvolveu uma boa noção dos próprios limites para que possa usar esse mecanismo da maneira mais eficaz. Para grande parte das pessoas, a projeção não propicia uma consciência maior, mas sim reações mais inconscientes. Embora o sofrimento que isso causa acabe por levar a uma consciência maior, existem meios menos dolorosos de se aprender.

Para aprender de modo mais suave, escolha um parceiro que não toque em todos os seus pontos fracos de uma só vez; que queira um relacionamento consciente e que esteja disposto a assumir a responsabilidade por encarar os próprios medos. Alguém de quem você goste, que você respeite e com quem possa construir um relacionamento amoroso e seguro. Não aceite nada menos do que isso.

Depois comece a praticar o processo simples a seguir, sempre que o relacionamento entre vocês estiver conturbado.

1. IDENTIFIQUE O SEU MEDO. *O medo está na raiz de todas as emoções negativas e estressantes, incluindo a raiva e o ressentimento. Reflita sobre os seus sentimentos até conseguir identificar o medo que existe por trás deles. Exagere esse medo se necessário.*

2. PERCEBA COMO VOCÊ SE FAZ DE VÍTIMA. *Só perdemos a paz quando achamos que outra pessoa pode fazer algo conosco contra a nossa vontade. Procure perceber de que modo você se faz de vítima em cada situação.*

3. ASSUMA O SEU MEDO E O SEU VITIMISMO, *confessando-os à outra pessoa e assumindo total responsabilidade pelo que está sentindo. (Diga, por exemplo, "Quando você não telefonou, eu fiquei com medo de que tivesse me abandonado. Eu me sinto fraco e impotente quando dependo de você para me amar de determinada forma".) Peça para a outra pessoa ouvir o que você tem a dizer sem julgá-lo ou tentar se defender.*

4. VERIFIQUE SE A OUTRA PESSOA ENTENDEU O QUE VOCÊ DISSE, *para que você se sinta seguro de que foi ouvido.*

5. PERGUNTE À OUTRA PESSOA SE ELA SENTE ALGUMA COISA *com relação ao que você disse (sem fazer julgamentos ou dar justificativas).*

6. OUÇA SEM FAZER JULGAMENTOS OU INTERPRETAR O QUE FOI DITO *e certifique-se de que ouviu corretamente.*

7. AGRADEÇA AO OUTRO PELA DISPOSIÇÃO DE OUVIR.

8. NÃO TENTE RESOLVER NADA DE IMEDIATO. *Só se sinta bem pelo fato de terem ouvido um ao outro. Combinem de conversar outra vez caso um dos dois ainda sinta alguma coisa com relação ao assunto ou tenha percebido algo com relação ao que aconteceu.*

Esse processo sempre funciona porque ele ajuda ambos a assumirem a responsabilidade pelo que sentem em qualquer situação. Ele não permite que você jogue sobre os ombros do outro a responsabilidade pelo que está sentindo ou vice-versa. Quando você "assume" os seus sentimentos e os expressa, a outra pessoa não se sente atacada, pois você está transmitindo informações acerca de si mesmo, em vez de culpá-la pelo que você está vivendo. Desse modo você não invade a outra pessoa nem cria condições para que ela faça o mesmo.

Esse processo também é eficaz porque o objetivo dele não é "consertar" a outra pessoa ou você mesmo. Seu único resultado é ajudar o casal a expressar (de um modo que não pareça ameaçador) o que está sentindo. O diálogo franco e aberto fortalece instantaneamente o sentimento de amor e de ligação entre o casal. Quando isso acontece, todos os problemas — que são meros sintomas da separação e da falta de ligação — desaparecem.

Procure enfocar o problema sem reforçá-lo. A energia é usada para "corrigir" a separação, não para entender o que a causou. Toda a necessidade de se corrigir alguma coisa parte do pressuposto de que existe algo errado. E, se algo está errado, geralmente "alguém" é culpado por isso. O mais saudável é partir do pressuposto de que nada está errado. Você só tem um sentimento que está reprimindo e que precisa ser expresso.

Os sentimentos reprimidos são o começo da separação. A expressão desses sentimentos é o final dessa separação. Esse é o fluxo e o refluxo de todos os relacionamentos. A maior parte do que se reprime imediatamente se transforma em projeção e acusações. É assim que perdemos a nossa paz.

Nesses momentos, a pessoa precisa reconhecer a projeção, assumir o que está sentindo e arcar com a responsabilidade por expressar esse sentimento. Essa atitude simples restabelece as nossas fronteiras pessoais e cria um espaço seguro para que os outros possam nos ouvir e também possamos ser ouvidos.

## RITUAIS DIÁRIOS DE INTIMIDADE E PAZ

É possível avaliar a qualidade do seu relacionamento consigo mesmo pela quantidade de tempo que você se dispõe a ficar consigo mesmo. Também é possível medir a qualidade do seu relacionamento pela quantidade de tempo que você se dispõe a ficar com o seu parceiro. Por exemplo, se quer passar meia hora em silêncio ou em meditação diariamente, você pode considerar a possibilidade de fazer isso na companhia do seu parceiro.

Ou, se você gosta de comer fora ou promover jantares em casa, por que não fazer o mesmo na companhia dele?

Encontre meios de cuidar de si mesmo e de se respeitar enquanto está na companhia de quem você ama. Conte ao seu parceiro o que deixa você em paz ou faz com que se sinta bem. Opte por rituais que vocês possam realizar juntos todos os dias ou toda semana.

Celebrem todos os dias o compromisso entre vocês fitando-se nos olhos em silêncio durante cinco minutos. Procure baixar as defesas que usa para se proteger na vida, dando passagem para o amor do parceiro. Lembre-se da razão por que você optou por caminhar ao lado desse ser e fortaleça o seu compromisso com o mais elevado bem dessa pessoa. Comecem o dia concedendo uma dádiva de amor um ao outro e depois ofereçam essa dádiva a Deus. Peçam a Ele um dia com possibilidades de aprender, amar e conhecer mais a si mesmos. Peçam que Ele abra o coração de vocês para cada pessoa que cruzar o seu caminho, para que os ajude a superar o medo que abrigam no coração, para que possam ser úteis e consigam ouvir a sua orientação interior.

Lembrem todos os dias um do outro e de Deus. Desse modo, o propósito espiritual da parceria entre vocês será renovado.

Toda noite, antes de dormir, repitam esse ritual. Agradeçam por tudo o que aconteceu ao longo do dia e que os ajudou a abrir o coração e a superar os medos. Conversem com Deus sobre todas as questões não-resolvidas, com a disposição de fazer o que for melhor para todos os envolvidos. Expressem verbalmente ou não todas as indisposições que tiveram entre si. Expressem a sua gratidão um pelo outro. Olhem-se nos olhos, com o coração aberto. Façam amor mantendo os olhos e o coração abertos para a beleza um do outro. Façam amor com gratidão e espírito de celebração.

O sexo não é algo que se faça com pressa ou sem vontade. Você não tem de ficar inconsciente para sentir o estímulo das preliminares ou o alívio que o orgasmo proporciona. O sexo com o parceiro é sagrado. É um ato de confiança, de prazer mútuo, de comunhão entre os corpos.

# O SEXO COMO COMUNHÃO
## ENTRE OS CORPOS

Para expandir ao máximo o seu relacionamento, é essencial que você desfrute da sua sensualidade. Não há por que ter medo ou se envergonhar dela. Ela existe para ser celebrada como uma dádiva de Deus.

Ter um parceiro que ama você, que o trata com carinho e toca em você com gratidão e entrega não é outra coisa senão uma dádiva divina.

Algumas pessoas são contra a sexualidade saudável porque têm dificuldade para aceitar a própria sexualidade. Essas pessoas — incluindo muitos sacerdotes — deturparam as coisas. Não preste atenção nelas. Elas têm suas próprias lições difíceis para aprender nesta vida.

A única expressão sexual repreensível é o sexo sem amor. Algumas pessoas são viciadas nesse tipo de sexo que faz do parceiro um objeto. Elas tentam encontrar satisfação com o prazer que o orgasmo proporciona. Isso nunca funciona, porque, depois do clímax de todo orgasmo, vem a queda que representa o contato existencial com o parceiro. Se você ama a pessoa com quem está, essa queda será pacífica, reconfortante. Se não ama, ela será vazia e desagradável.

Além de ser insatisfatório, o sexo sem amor também vicia. A pessoa sempre vai precisar de mais. Mais sexo, mais parceiros, mais estimulação. Mas ela nunca vai se sentir satisfeita. Quando você faz sexo com alguém que não ama, você desrespeita a si mesmo e a outra pessoa.

O sexo sem amor dá margem ao abuso. Se você não quer causar mais dor a si mesmo, não vá para a cama com alguém que você não ama. Mesmo quando estiver com alguém com quem tenha um romance, não faça sexo quando o seu coração não estiver aberto para o parceiro. Sexo sem amor, sob qualquer disfarce, desfragmenta a energia da união entre vocês e agrava as feridas emocionais.

Isso é só uma questão de bom senso, mas quantos de vocês usam o bom senso? Não seja descuidado no seu comportamento com o parceiro. Não feche os olhos nem fique inconsciente. A pessoa amada merece toda a sua atenção.

# RITUAIS SEMANAIS

Uma vez por semana, encontre outras pessoas para celebrar o divino dentro de cada um de vocês. Na nossa tradição, o Sabá sempre foi um período sagrado. É um tempo em que toda a comunidade se reúne para se lembrar dos seus votos e pedir a orientação de Deus.

No Sabá, você faz uma pausa nos fluxos e refluxos das questões mundanas. Agradece a Deus por todas as alegrias da sua vida e pede a ajuda Dele para que possa vencer os seus desafios. Juntos vocês oram por mais entendimento e paz. Juntos vocês criam um espaço seguro onde as pessoas podem abrir o coração e superar os medos.

A honestidade e a abnegação são bem-vindas numa atmosfera em que não há julgamentos, mas apenas apoio mútuo. Ali as pessoas podem reconhecer o quanto sofrem, falar sobre isso e transcender esse sofrimento. Não se deixa que nenhum bloqueio ou constrangimento que exista entre você e outra pessoa continue a pesar no seu coração. Esse é um lugar de confissão e reparação dos erros. É um lugar em que os infortúnios e desentendimentos da sua experiência mundana podem ser corrigidos pela luz magnânima da aceitação e do amor incondicionais.

Ali o casal e os filhos se encontram com os outros membros da sua família — a comunidade —, a vila global microcósmica que contém seres humanos de todos os tipos: pretos e brancos, velhos e jovens, homens e mulheres, ricos e pobres, cultos e analfabetos. O coração das pessoas está aberto para todos os seus irmãos e irmãs. Elas declaram a sua igualdade e solidariedade com outros homens e mulheres.

Em todas as comunidades, deveria haver um espaço seguro, aberto a todos, onde houvesse amor e não julgamento. Se não existe um espaço assim na sua cidade, talvez seja exatamente nesse ponto que começa o seu ministério.

Quando se dispõe a encontrar uma comunidade espiritual, você abre um caminho para que outras pessoas encontrem um lugar seguro onde curar as suas dores. O único pré-requisito é a sua disposição para se juntar a outro ser humano com o objetivo de se amar e se apoiar incondicionalmente.

Esse não é um ato político, mas um ato do espírito. Ele precisa necessariamente abarcar todos aqueles que gostariam de praticar suas diretrizes, todas elas muito simples. Nesse lugar não existem púlpitos, nenhum pódio para professores cheios de si pregarem os seus próprios evangelhos. Esse não é um lugar para defender crenças, mas para praticar princípios de amor e igualdade. Trata-se de um lugar de perdão, onde nos sentimos seguros para deixar o passado para trás e nos abrir para o milagre do momento presente. Trata-se de um lugar simples, seguro, fácil de encontrar e de se manter.

Deixe para trás todos os seus outros ídolos e deuses quando entrar nesse santuário. Deixe para trás todas as batalhas por autovalorização, aprovação, dinheiro ou fama. Nesse lugar o reconhecimento é espontâneo e incondicional. Ali você é um filho de Deus, como todas as outras pessoas, e um irmão ou irmã para todos os que se juntam a você.

Apóie a comunidade com o seu compromisso de amor: invista ali o seu tempo, a sua energia e o dinheiro que você ganha com os seus talentos e capacidades. Quando todos os membros contribuírem de acordo com as suas possibilidades, será possível arrecadar os fundos necessários para manter o lugar e oferecer benefícios à congregação e à comunidade.

Lembre-se, essa comunidade tem de ser sempre simples e pequena. Para manter a intimidade e a integridade, as comunidades espirituais não podem ter mais do que cem membros adultos participantes. Qualquer comunidade que exceda esse número passa a ser uma instituição e deixa de atender às necessidades dos seus membros.

É preciso que haja cursos para crianças, nos quais elas possam ter informações práticas sobre como assumir a responsabilidade pelos seus pensamentos e sentimentos, sobre como se comunicar honestamente sem atacar as outras pessoas e sobre como resolver conflitos pacificamente. Princípios de meditação, prece e cura podem ser explanados e demonstrados. Mas o foco básico dos cursos deve ser ensinar às crianças a respeitar a si mesmas e aos outros igualmente. Nenhum jogo, teatro, arte ou música que estimule a competição pode ser veículo para a auto-expressão e para a cooperação.

As formas mais simples de comunidade espiritual são os grupos por afinidade, que consistem em oito ou dez pessoas interessadas em praticar o perdão, em aprender a amar e em apoiar umas às outras incondicionalmente. Os grupos por afinidade são uma comunidade espiritual pertencente a um novo paradigma. Em vez de um líder ou professor, eles têm um facilitador e o papel desse facilitador acaba por ser desempenhado por todos os membros do grupo.

É possível formar uma comunidade espiritual mais diversificada juntando-se vários grupos por afinidade. Como os participantes desses grupos já sabem conviver juntos em harmonia, a experiência deles ajuda a expressão desse processo num contexto mais amplo. Uma vez por mês, quatro vezes por ano ou sempre que houver a motivação do Espírito, os grupos podem se reunir para um jantar simples e informal e uma meditação em grupo. Dessa maneira, a comunidade espiritual mais ampla evolui organicamente.

## A CRENÇA NA INOCÊNCIA DOS MEMBROS DO GRUPO

O propósito dos membros de um grupo por afinidade ou de uma comunidade espiritual é acreditar na inocência uns dos outros. Numa comunidade espiritual autêntica, existe lugar para todos, pois todas as pessoas dispostas a participar do grupo são bem-vindas. Aquelas que não tiverem essa disposição devem ser liberadas com amor, votos de felicidade e com a certeza de que serão muito bem recebidas quando estiverem interessadas em seguir o propósito e as diretrizes do grupo. O empenho em proteger a comunidade é tão importante quanto a disposição para receber novos membros. A menos que se mantenha a comunidade sob um olhar vigilante, as dinâmicas praticadas pelo grupo, nas quais impera o amor e o apoio mútuo, poderão correr riscos desnecessários.

Os membros da comunidade espiritual querem ser amados e aceitos incondicionalmente e estão dispostos a fazer o mesmo. A inocência incondicional de cada membro é defendida, independentemente do que ele revele ao grupo. Erros cometidos no passado, transgressões, mal-entendidos não depõem contra a pessoa, não importa o quanto pareçam graves. Em todos os momentos, essa pessoa é vista como alguém novo, inocente e puro. Toda tendência que se tem de julgar ou condenar é vista pelo que ela é: uma culpa projetada no outro. Assim que reconhece a projeção, a pessoa se responsabiliza por ela. "Eu acho que você é egoísta porque eu agi com egoísmo no passado e não me perdoei por isso."

Quando a pessoa perdoa a si mesma, ela deixa de condenar o outro. A comunidade espiritual, portanto, apenas oferece um espaço seguro para que a pessoa possa se perdoar. Nesse sentido, não se trata de um processo interativo. Ninguém está tentando mudar, consertar ou curar ninguém. A cura é feita pelo Espírito no instante que a pessoa se dispõe a parar de fazer o papel de vítima e pede ajuda.

O grupo abre um espaço para que os vícios e o controle possam se render ao Espírito. Ele não finge ter respostas para nenhum de seus membros. Ele simplesmente estende a cada indivíduo o reconhecimento da sua inocência, quantas vezes for preciso. O grupo vê o indivíduo como eu mesmo o veria. Ele é aceito assim como é. Não importa o que mais ele peça; tudo o que ele quer é amor e eu estou disposto a amá-lo. Na minha cristandade, eu evoco a cristandade de todos os membros do grupo.

Veja que tudo o que é preciso é amor e aceitação e a disposição para demonstrá-los livre e abundantemente. Receba o mesmo quando isso é oferecido a você. Quando agir desse modo, você sentirá tamanha graça e arrebatadora bem-aventurança, que terá dificuldade para se manter no corpo. A sua mente se renderá e ficará livre dos julgamentos e você se sentirá ligado às outras pessoas numa intimidade tão profunda, que não pode ser descrita em palavras. À medida que você se entrega ao amor onipresente de Deus, estendendo-o às outras pessoas e a si mesmo, você deixará de perceber formas separadas. Cada pessoa que você encontrar será o Bem-amado, a oportunidade de dar e receber sem condições. Cada medo que aflorar na sua mente, apertando o seu coração, será um momento de escuridão oferecido de bom grado à luz.

Você aprenderá a acreditar na sua inocência com absoluta convicção e, à medida que faz isso, acreditará não só na sua inocência, mas na de todos os filhos de Deus. Pois você é a luz do mundo. Não existe outra. Não existe nenhum despertar separado da sua experiência. Não existe nada além de você que seja preciso buscar. Não existe nada no passado que você tenha de expiar. Existe apenas este momento, no qual você brilha intensamente como uma estrela iluminando o céu noturno. Sempre que você olhar, verá novas estrelas explodindo em luz. A experiência interior e a exterior se fundem num ritmo pulsante. Trata-se da canção de todas as coisas, do poema do pensamento rompendo ao amanhecer. Trata-se da fênix surgindo da sua morte, agora não mais dolorosa. Trata-se da sua alma ascensionada, do seu Cristo interior, da sua inocência.

## O FIM DA CULPA

Haverá culpa neste mundo enquanto houver julgamentos. A culpa é a crença de que o que é falso é verdadeiro. É a percepção às avessas do mundo. A culpa quer dizer "eu sou mau". Isso não é verdade nem nunca poderá ser. No entanto, você acredita nisso e projeta essa crença em todos os seus irmãos e irmãs. Toda vez que julga outro ser humano, você está reforçando a sua própria culpa.

Este mundo não terá paz enquanto não houver paz no seu coração. E não pode haver paz no seu coração enquanto você vir inimigos ou pessoas "más" fora de você. Toda maldade que você vê no mundo chama a atenção para um lugar implacável no seu coração que está clamando pela cura. Pare de julgar os outros. Pare com esse jogo da culpa. Veja todos os julgamentos pelo que eles são: um ataque contra si mesmo, um ataque contra um filho de Deus, um modo de aprofundar a sua própria culpa.

Você, meu amigo, é o filho único de Deus, assim como eu era. Não existe nenhum mundo com exceção das suas crenças e da sua experiência. Não existe nenhum inferno com exceção dos seus julgamentos. Não existe nenhum céu com exceção do seu amor.

No entanto, você finge ser uma vítima do mundo. Finge que existe um "demônio" à parte das suas crenças, ou um "mal" que não esteja ligado aos seus julgamentos. Isso não é verdade. Todo mal vem dos seus julgamentos e todo demônio vem da projeção da sua culpa.

Não veja o drama acontecendo fora de você senão você perderá a chave do reino de Deus. Aqueles que se consideram vítimas não terão poder. Aqueles que vêem a si mesmos como pessoas fracas não vencerão os obstáculos da vida.

O drama de se culpar e de atribuir culpa aos outros só está acontecendo na sua cabeça e é aí que ele precisa mudar. Acredite por um momento que você é uma pessoa valorosa, digna de amor e de aceitação, e o seu vitimismo chegará ao fim. Acredite que você é capaz de amar o seu irmão apesar do modo como ele age com você e o laço invisível da projeção se romperá. Você é quem tem a chave do Reino de Deus. Eu convido você a usá-la. Ofereça o amor que você tem no coração e o amor pelo qual tanto anseia voltará para você, talvez quando você menos esperar. A dádiva do perdão que você concede a si mesmo se estende a todos os seres humanos. Gradativamente, a cadeia da culpa se transforma na ponte do perdão.

Entre todos os corpos que parecem separar uma mente da outra, surge uma ponte. Entre pensamentos do tipo "Eu não mereço ser amado" e "Essa pessoa não merece o meu amor", surge uma ponte de consideração por si mesmo que só os justos podem cruzar.

Dê a si mesmo o que você está disposto a dar aos outros. Se você oferece um amor compromissado, um amor que não leva em conta as faltas e vai além dos julgamentos, como pode esperar do outro menos do que isso?

Esse é um mundo circular. O que vai volta e vice-versa. Esse mundo só parece ser linear. Só parece existir no espaço e no tempo. Na verdade, pensamento e ação são simultâneos. Não existe "lá fora". O aqui e o ali estão no mesmo lugar. Assim que você pensa que não é uma pessoa de valor, surge uma experiência que confirma esse pensamento. Isso não é um castigo de Deus, mas um testemunho do poder da sua própria mente.

Não culpe Deus pelas suas aparentes desventuras. Não culpe o seu vizinho, o seu cônjuge ou o seu filho. Não culpe nem sequer a si mesmo. Simplesmente peça para conseguir ver a situação assim como ela é, sem julgá-la. Veja como você mesmo pediu por ela e ela atendeu prontamente ao seu pedido. Veja isso sem se condenar. Veja isso sem espancar o estranho que bateu na sua porta para entregar a mensagem. Simplesmente veja isso com uma atitude de entrega total, de reconciliação consigo mesmo e com a sua experiência.

Deus vem até você de muitas formas. Tudo o que acontece na sua vida faz parte da sua experiência de Deus. Se você está sofrendo, pergunte o que você pode aprender com essa dor. Não peça para parar de sofrer. Não renegue a lição, pois todas as lições que você se nega a aprender acabam voltando em novos trajes. Em vez disso, pergunte, "Senhor, o que você quer que eu aprenda?"

O Pai e a Mãe da Criação só pedem o que contribui para o seu despertar. Pois eles despertaram e gostariam que o mesmo acontecesse com você. O amor que eles sentem por você é ao mesmo tempo terno e impetuoso. Um só tipo de amor não é suficiente. São necessários o amor do pai e o amor da mãe.

Faça uma prece ao Pai para que ele lhe dê coragem e à Mãe para que ela lhe dê candura. Com coragem, você supera os seus medos. Com candura, você abre o seu coração.

Você é abençoado por ter dois pais que amam você. Se não sabe disso, significa simplesmente que você ainda tem mais a perdoar.

## PERDOE OS SEUS PAIS

O seu relacionamento com o Deus Pai/Mãe depende de uma grande disposição para perdoar os seus pais e tocar a sua vida em frente. Se você ainda os culpa pelas dificuldades da sua vida, a sua ligação com Deus continuará difícil e instável. A sua raiva e o sentimento de que foi traído por eles só deixam mais distante a sua experiência de Deus. Se você acredita que é uma vítima, então você também acha que Deus é o seu algoz. Quem a não ser um algoz deixaria de resgatar o filho em perigo?

O seu problema é com o princípio feminino ou masculino, com o pai e com a mãe ou com ambos? Os problemas com o princípio masculino se traduzem na incapacidade de entender e cumprir o seu propósito na vida. Os problemas com o princípio feminino se traduzem na incapacidade de desenvolver relacionamentos amorosos e íntimos. Geralmente, quando existe um problema num dos lados da equação, a pessoa acaba sobrecarregando o outro. O equilíbrio só pode ser restabelecido se ambos os pais forem respeitados, assim como a contribuição que fizeram para o seu despertar, independentemente de quanto essa contribuição pareça ter sido difícil.

E, para que não reste nenhuma dúvida, quero que você saiba que não existe nenhum ser humano que não tenha sofrido com os abusos e maus-tratos do pai ou da mãe. Todo comportamento inconsciente é abusivo. Todo comportamento compulsivo é provocado por esferas inconscientes e negligenciadas da mente e da experiência da pessoa. E todo pai e toda mãe deste mundo têm essas esferas de inconsciência, em maior ou menor proporção. Nenhum pai ou mãe pode respeitar completamente o filho caso não tenha aprendido a se respeitar totalmente. E ninguém que tenha encarnado fisicamente já alcançou esse estágio de perdão por si mesmo.

Eu lhe pergunto, "Quem atirará a primeira pedra?" Quando você estiver a ponto de levantar o dedo para acusar um dos seus irmãos ou irmãs que tenham maltratado você ou alguém que lhe seja caro, pergunte a si mesmo, "Como eu posso julgar? Como eu posso avaliar o sofrimento e a falta de amor que provocou esse gesto? O que eu sei além das fronteiras da minha própria dor e separação?" E, se você tiver essa atitude, em vez de ostentar uma pretensa superioridade moral, você sentirá compaixão pelas pessoas que sofrem, sejam elas algozes ou vítimas de abusos.

Qualquer abuso que você tenha sofrido na vida precisa ser perdoado. Quando ele é perdoado, você esquece a transgressão. Pára de culpar. Antes de mais nada, você perdoa a si mesmo. Depois perdoa quem abusou de você. Não tente fazer o contrário. Você não pode perdoar ninguém sem antes se perdoar.

Quando você resolver todas as questões inacabadas com os seus pais, deixará de criar, nos seus relacionamentos íntimos, lições relativas ao papel paterno ou materno. Você fechará o ciclo de abusos inconscientes e reativos e passará a efetuar a sua cura num contexto consciente, com um parceiro capaz de fazer o mesmo.

O relacionamento que você tem com os seus pais presenteia você com uma carga de aprendizado psicoemocional. Você vem para este mundo com pais e irmãos que lhe proporcionam a melhor sala de aula na qual pode aprender a respeitar tanto a si mesmo quanto os outros. Todas as vezes que teve de barganhar para conseguir amor, você estava passando por lições sobre integridade e responsabilidade por si mesmo. Todas as vezes que você se sentiu controlado, maltratado ou abandonado e todas as vezes que se defendeu atacando ou recusando o seu amor também estava recebendo lições sobre poder pessoal e igualdade.

Quando você ficar em paz com os seus pais e aceitá-los como pessoas iguais a você, a cura do seu passado estará completa. Isso significa que você não vai mais querer que eles mudem para atender às suas expectativas, nem vai sentir nenhuma vontade de mudar para atender às expectativas deles. Vocês confiarão na aceitação e na afeição um do outro. Você não aceitará mais que eles tentem impor a autoridade deles sobre você nem tentará fazer com que aceitem a sua. Vendo-os como iguais, você os abençoará. Você respeitará as realizações dos seus pais e terá compaixão pelos seus desafios e enganos.

A alma gêmea aparece quando você já aprendeu as lições relacionadas ao papel paterno e materno. Então o homem pára de procurar a mãe na esposa e procura ser o marido dela, e a mulher pára de procurar o pai no marido e tenta ser esposa dele. Relacionamentos inconscientes e abusivos chegam ao fim ou se transformam e monta-se o cenário para a jornada da intimidade consciente e compromissada.

## O ENCONTRO DA ALMA GÊMEA

O relacionamento com a alma gêmea é uma exploração das dinâmicas de igualdade, da confiança e do respeito mútuo. Trata-se de um relacionamento maduro e conscientemente amoroso. Ele requer boa capacidade de comunicação, geralmente adquirida com a prática do perdão em relacionamentos anteriores, menos conscientes. Num certo sentido, todos os relacionamentos anteriores da pessoa a preparam para participar plenamente desse relacionamento com a alma gêmea.

A alma gêmea não pode se manifestar até que exista honestidade e lucidez em todos os relacionamentos. Se você está abandonando o seu parceiro ou os seus filhos para ficar com um novo amor, terá também de enfrentar os fatos. Você não conseguirá encontrar a sua alma gêmea abandonando outro ser humano. Você tem de ser correto em todos os seus relacionamentos. Tem de falar a verdade sem medo, mas com grande gentileza e compaixão. Os outros precisam conhecer a sua posição. Eles precisam saber até que ponto o relacionamento entre vocês mudou e até que ponto ele continua o mesmo. Você demonstra o amor que tem por eles não guardando segredos, revelando todos os seus sentimentos e pensamentos. Você os trata como gostaria de ser tratado se a situação fosse inversa. Assim você será capaz de seguir adiante sem abandonar ninguém, sem agir de maneira impulsiva e descuidada.

O amor genuíno por uma pessoa nunca resulta num comportamento cruel para com outra. Isso não significa que você não possa revisar os seus compromissos. Só significa que você precisa entrar nesse processo de revisão com respeito e consideração pelo outro e também com uma idéia clara do que quer.

Quando a alma gêmea se manifesta na sua vida, o compromisso se estabelece naturalmente. O desejo recíproco de estar na companhia do outro torna-se uma demonstração contínua e espontânea do compromisso que vocês têm entre si. Se com os parceiros anteriores as decisões eram sempre difíceis e caracterizadas pelas contínuas batalhas entre os egos, com a sua alma gêmea elas são tomadas sem esforço. Cada parceiro respeita perfeitamente os pensamentos e sentimentos do outro sem desrespeitar a sua própria experiência. Existe uma disposição para ficar totalmente presente, para ouvir a orientação interior juntos e para tomar decisões só quando ambos sentem que têm uma visão clara da situação.

Até que você aprenda a ouvir a sua orientação interior, você não encontrará a sua alma gêmea. Na verdade, a descoberta da sua alma gêmea acontece porque, interiormente, você estava voltado para ela. Quando vocês se encontram, reconhecem o fato internamente. Vocês "sabem" que esse encontro aconteceu, com todas as fibras do seu ser.

O reconhecimento mútuo do parceiro da sua vida vem acompanhado por uma mudança na base do seu ser. Você deixa de viver só pela sua própria paz e felicidade. Essa paz e essa felicidade se expandem para incluir a paz e a felicidade do parceiro. A orientação individual passa a ser menos importante do que a orientação mútua. Vocês deixam de se concentrar no que têm de diferente e passam a se interessar pelas suas semelhanças. A jornada da sua vida entra numa nova etapa. Externamente vocês são duas pessoas, mas internamente é como se fossem uma só.

"Vocês" agora são uma entidade diferente. Sem dúvida ainda têm dois corpos separados, mas até a separação corporal começa a diminuir à medida que vocês dois se juntam e se misturam no ato de amor físico e emocional. As suas mentes abrem mão dos anseios individuais e se juntam na dança do propósito comum e do entendimento sem palavras. Um novo ser vem à luz por meio de vocês. Ele é fruto do seu amor e servo da sua orientação mútua.

Da união entre vocês nasce um trabalho que não podia ser realizado antes. Esse encontro o tornou possível. Juntos, vocês aceitam o seu propósito espiritual e o realizam com graça à medida que o relacionamento se desenvolve e irradia amor para todas as outras pessoas da sua experiência.

Depois que você encontra o bem-amado no mundo da forma, a sua vida não pode continuar sendo o que era. Tudo o que vocês acalentam separadamente tem de ser deixado de lado. Só o que vocês dois acalentam juntos numa aceitação e respeito mútuos pode ser levado adiante. O eu isolado tem de morrer. Nasce a parceria, o companheirismo. Esse é o casamento espiritual.

Quanto mais vocês trilham o caminho da autocura e da autodescoberta, mais potencial vocês têm para a união sagrada. Vocês e outros como vocês se juntam em condição de igualdade e começam a modelar um novo paradigma nos relacionamentos. Você e o seu parceiro irradiam verdade e respeito mútuo. Vocês irradiam compromisso e um propósito comum destituídos de sacrifícios. Vocês demonstram o que significa criar um para o outro um espaço seguro, cheio de amor e sem julgamentos.

## COMUNIDADES ESPIRITUAIS

Aos poucos, aqueles que se unem numa união sagrada serão orientados a criar pequenas comunidades de pessoas afins, interessadas em criar um espaço em que todos se sintam amados e em segurança. À medida que dão apoio incondicional uns aos outros, uma consciência de grupo se formará naturalmente e o grupo será guiado de modo consensual para o cumprimento do propósito espiritual que se tornou possível graças à união de seus membros. O amor compromissado sempre é oferecido sem esforço àqueles que estão prontos para recebê-lo. Cada comunidade é, portanto, abençoada não só com a sua própria comunhão ritual e integral, mas com o serviço a outras pessoas que não pertencem ao grupo.

A oferta desse espaço de amor e segurança a outras pessoas acontece naturalmente. Nunca existe nenhuma urgência com relação a isso. Não é uma questão de se "fazer" alguma coisa, mas de se "permitir". Como não existe preocupação em fazer alguma coisa, também não existe apego aos resultados. É por isso que se trata de um serviço verdadeiro.

Se um dia houver necessidade de expansão, proselitismo, conversão ou filiação de membros à comunidade espiritual, ela deixará de ser um espaço seguro para aqueles que desejam se agregar a essa comunidade ou para as pessoas que ela pretende ajudar.

O crescimento acontece porque a disposição para oferecer amor e cura atrai aqueles que precisam desse amor e dessa cura. Essa é uma tendência natural. Como essa atração é magnética, não há necessidade de se buscar pessoas lá fora. No entanto, quando novos membros são atraídos para a comunidade, existe o compromisso de recebê-los bem, reconhecê-los e servi-los. Geralmente a melhor forma de se fazer isso é mostrando às pessoas como criar um espaço de amor e segurança para elas mesmas. São infindáveis os ambientes em que isso é necessário: escolas, hospitais, abrigos, prisões e onde mais se desejar. Quando as solicitações são feitas, elas são simplesmente atendidas, pois existe uma disposição para compartilhar a alegria que se tem com todos que a desejam.

À medida que o amor se amplia de modo natural e orgânico e a orientação passa a funcionar, cada vez mais, por meio do consenso grupal, esse espaço cheio de amor e segurança se estabelece neste mundo. A separação é superada de modo discreto mas profundo, à medida que as pessoas se sentem mais seguras e empenham-se em conseguir o amor de que precisam. Um renascimento espiritual se inicia no planeta, nascido da decisão de cada pessoa de se amar e de se respeitar, expandindo-se em relacionamentos sagrados com outras pessoas e, por fim, manifestando-se em comunidades pequenas e descentralizadas, conduzidas pelo consenso grupal e pela prática mútua do processo de perdão.

Esse cenário lhe é mostrado não porque seja preciso "fazê-lo" acontecer, mas para que você reconheça o que será possível quando a consciência mudar neste planeta. A era do indivíduo está chegando ao fim. À medida que as necessidades do indivíduo são atendidas por meio do cuidado consigo mesmo, a capacidade para a verdadeira intimidade também se desenvolve. Relacionamentos sagrados são estabelecidos e os abusivos são transformados. Comunidades começam a surgir quando muitas famílias resolvem se juntar. Elas podem viver juntas ou não, mas se unirão com um propósito comum.

O Senhor tem muitos projetos para aqueles que querem servir. Mas, antes que esses projetos possam ser postos em prática, é preciso que haja compromisso nos relacionamentos. Esse compromisso literalmente gera a energia necessária para atender às necessidades das outras pessoas que buscam amor.

Você e eu somos canais por meio dos quais o amor de Deus pode fluir até os outros. Não existe mistério nisso. Assim que você abrir espaço para Deus no seu coração, Ele trará um estranho até a sua porta. Assim que você abrir espaço para Deus nos seus relacionamentos, Ele trará o que abusa e o que sofre abusos para que passem por aconselhamento. Assim que você abrir espaço para Deus na sua comunidade, Ele trará os abandonados e desprivilegiados para o santuário da sua igreja.

Esse é o caminho do Espírito. Quando você oferece amor, aqueles que precisam desse amor encontram você. A sua tarefa é simplesmente manter a integridade do que você oferece. Crie um espaço seguro para você e para os outros e preserve esse espaço. Pratique o perdão e tenha compaixão pelo outro. Não interprete a experiência do outro nem finja que a conhece melhor do que ele. Mas respeite tudo que lhe for oferecido com amor e respeito. Abra espaço no seu coração para cada um dos seus irmãos e irmãs. É assim que eles são levados até Deus. Por meio da sua presença amorosa.

Houve um tempo em que eu me dispus a ser a porta para você. Esse tempo acabou. Agora você também precisa se tornar a porta.

# 3

# *Sem Outros Deuses*

## A PORTA PARA A PRESENÇA DIVINA

A porta para a Presença Divina se abre por meio do seu coração. Ela se abre quando você é bondoso consigo mesmo. Ela se abre quando você se aceita com brandura em qualquer situação. Ela se abre quando você não resiste à sua experiência, quando você encara com disposição qualquer coisa que lhe aconteça no presente.

A porta para a Presença Divina se abre quando você vê as outras pessoas com bondade e aceitação, da maneira como elas são no momento. Ela se abre quando você se dispõe a ficar ao lado delas, não importa o que estejam pensando ou sentindo, sem julgá-las ou tentar consertá-las. Ela se abre quando você lhes dá atenção e oferece as suas bênçãos de modo espontâneo e sincero.

A porta para a Presença Divina se abre quando você simplesmente se lembra de Deus, seja em que situação estiver. Ela se abre quando você sabe que não está sozinho, que pode colocar qualquer decisão nas mãos de Deus. A porta se abre quando você não precisa mais tomar as rédeas da sua vida, quando não precisa mais que a realidade esteja de acordo com as suas idéias acerca de como ela deveria ser. Ela se abre quando você consegue deixar de lado tudo o que acha que sabia e encara cada momento sem nenhuma expectativa.

A porta para a Presença Divina se abre quando você está cheio de vontade de viver. E, nesse momento, você está em sintonia com Deus. Você é alguém por meio do qual Deus fala e ouve. Você é o escolhido.

Se você quer encontrar Deus, vá agora ao encontro dele. Pare de procurá-lo em livros sagrados e em práticas religiosas. Não é aí que você vai encontrá-lo. Se você quer encontrar Deus, abra o coração. Seja gentil consigo mesmo e com os outros. Veja os seus julgamentos pelo que eles são: obstáculos à paz interior e à paz exterior.

Deus não é um tipo de abstração, mas uma presença viva que você pode sentir na sua vida. No entanto, Ele não é como qualquer outra presença viva, pois não tem forma. Se você quer entender o que Deus é, pense em alguém muito próximo a você que já tenha morrido. Essa pessoa não tem mais um corpo, uma forma, mas a essência dela permanece com você. Deus é a essência de todos os seres. Ele é o próprio sopro que dá vida a todas as formas. Ele é a compreensão suprema que tudo inclui, é a bênção suprema de amor sobre todas as coisas. Se você se sente próximo a um amigo, pode imaginar como se sentirá próximo a Deus se simplesmente deixá-lo entrar?

Como deixá-lo entrar? É muito simples, na verdade. Pare de resistir à sua experiência. Pare de negar o seu amor e de repudiar o amor das outras pessoas. Pare de bancar a vítima. Pare de culpar os outros pelas suas desventuras ou pela sua dor. Abra-se para essa dor. Deixe-a entrar. Aproprie-se dela. Fique com ela. Diga a verdade sobre a sua dor. Sinta a dor das outras pessoas sem querer consertá-las. Aceite essa dor. E Deus estará com você, pois você confiou nele. Você confiou na perfeição intuitiva da sua vida e da vida das outras pessoas. Você parou de culpar os outros e de reclamar. Parou de procurar falhas. Parou de ser uma criança zangada e ferida. Parou de tentar castigar o mundo por abandoná-lo. Parou de descarregar a sua fúria e simplesmente olhou nos olhos de Deus. E Ele piscou e disse, "Bem-vindo ao lar".

Você já está em seu lar no amor de Deus. Você já está aqui. Procure ficar na companhia dele. Respire e procure ficar no momento presente. Rituais elaborados de prece e de meditação não são necessários. Simplesmente respire e seja o que você é.

Fique no silêncio do seu próprio coração. Deixe que os seus pensamentos passem como nuvens até que surja um intervalo cada vez maior entre eles. Deixe que os sentimentos de ansiedade, tédio, frustração brotem e se dissipem até você sentir o coração leve, cheio de paciência consigo mesmo e de uma disposição para se perdoar que acompanha o fluxo da sua respiração. Deixe que a paz invada o seu coração naturalmente. Quando perceber que um espaço se abriu dentro de você, sem que tenha a necessidade de preenchê-lo, sinta a presença que lhe invade. Esse é o Espírito de Deus, a Graça, chame-a como quiser. Ela mora em você e com você agora, pois você parou de lutar. Você abriu mão dos julgamentos e das feridas, como sapatos velhos que você descalça na entrada desse espaço sagrado. No seu coração agora só existe amor, só existem bênçãos. E você confia em Deus e Ele em você. Essa é a união divina.

Depois que provou da absoluta alegria dessa comunhão, você não vai mais querer se afastar dela. Todos os dias você encontrará alguns momentos para respirar e ficar consigo mesmo, para deixar que o mundo se afaste da sua mente, para deixar que a paz invada o seu coração. Você não fará isso como quem cumpre um dever ou para buscar aprovação, mas porque é simplesmente delicioso. Você encontrará tempo para Deus do mesmo modo que encontra tempo para abraçar a pessoa amada toda noite. Porque isso é muito bom. Porque é uma bênção profunda.

Pois Deus é uma presença viva na sua vida, não uma abstração. Ele oferece a você um relacionamento constante, uma companhia que vai além dos limites da forma. Pois, quando todo o resto se vai, a presença dele permanece com você. Pois você e Ele são uma só mente e compartilham o mesmo coração insondável.

## A ÚNICA AUTORIDADE

Não espere que o seu relacionamento com Deus se pareça com o que você tem com as pessoas; caso contrário, você vai estragar esse relacionamento. A presença de Deus na sua vida é absolutamente única e especial. A sua conversa com Ele pode ser verbal ou não-verbal, uma tela em branco ou cheia de formas coloridas. Não tente avaliar a sua espiritualidade comparando o que acontece a você com o que acontece às outras pessoas.

Não aceite intermediários entre você e Deus. Rejeite todos os gurus e professores. Não aceite nenhum conceito de Deus que venha dos outros. Rejeite o pensamento mágico. Deixe de lado as poções e as fórmulas. Esqueça o que você acha que sabe. Esqueça o que lhe ensinaram. Apresente-se a Deus totalmente vazio e entregue. Deixe de lado os pedidos e interesses pessoais. Fique com Ele sem ter expectativas. Seja simplesmente quem é e deixe que Ele encontre você assim, na sua pura essência.

Essa é uma época em que todos os ídolos têm de ser rejeitados. Todas as formas de autoridade externa têm de ser destituídas do poder. Não cometa o erro de pensar que alguém tem mais conhecimento espiritual do que você. Isso é absurdo. Qualquer pessoa que esteja próxima de Deus sabe que é você quem dá permissão a Ele para que participe da sua vida — só você. O apego às idéias e aos conceitos dos outros interfere na clareza da sua ligação direta com o Espírito.

Cultive o seu relacionamento com Deus de maneira direta. Mergulhe no silêncio do seu coração. Converse com Deus. Reze e peça orientação. Inicie um diálogo e ouça as respostas de Deus dentro de você por meio dos sinais que Ele lhe mostra na sua vida.

Procure conhecer Deus na sua própria experiência. Não aceite substitutos. Esqueça os padres, os médiuns, os xamãs que lhe dariam respostas. Trata-se de cegos guiando outros cegos.

E saiba com absoluta certeza que qualquer mensagem de medo não pode partir de Deus ou de qualquer um dos seus ministros. Toda mensagem que tira de você o seu poder ou lhe tira o ânimo só pode vir de falsos profetas, manipuladores ou vingadores. Afaste-se desses ensinamentos, mas tenha amor e compaixão pelos seus mensageiros, pois eles sofrem. Mostre a eles gentilmente, com o seu exemplo, que existe um outro caminho, o caminho do coração, da simples experiência direta.

Também não procure professores nem seja um deles. Seja, em vez disso, um irmão ou irmã. Não faça recomendações a ninguém nem deixe que façam a você. Não faça recomendações nem sequer a si mesmo; prefira ouvir a voz de Deus e orientar-se por ela, pois você nada sabe. O seu irmão e a sua irmã nada sabem. Só Deus sabe.

Só Deus sabe. Não aceite substitutos. Não cultue ídolos que venham antes dele. Esqueça a astrologia, a Cabala, a psicologia e a física. Nenhum desses sistemas pode dar a você as respostas que procura. Nenhum deles pode fazê-lo encontrar a paz.

Queime as suas bíblias, os seus textos psicografados e os seus livros sagrados. Eles são a experiência de outras pessoas. Não aceite nenhum outro professor ou ensinamento que não parta do seu coração. Somente esse ensinamento vem de Deus.

Não tome a comunhão num local presidido por tolos e em que o rebanho esteja mental e espiritualmente adormecido. Aqueles que preferem que alguém lhes diga o que fazer logo descobrirão que ninguém tem as respostas de que eles precisam. Não seja um daqueles que colocam seu poder pessoal na mão de impostores. Aceite apenas os ensinamentos de Deus na sua vida e tome a comunhão no silêncio em que você O encontra.

Você, meu amigo, é o que basta. Você é suficiente. Todas as jóias do conhecimento podem ser encontradas dentro da sua própria mente. Todas as alegrias do seu espírito podem ser descobertas no seu próprio coração.

Reúna-se com outras pessoas na apreciação mútua e na gratidão por Deus, mas não peçam orientação uns aos outros. Em vez disso, respeite a sua própria experiência. Ela é sagrada. É sacrossanta. Ela está além da crítica e de qualquer avaliação.

Celebrem a sua experiência em comum. Meditem e rezem juntos. Repartam o pão. Doem, recebam, sirvam uns aos outros. Mas não aceitem nenhuma autoridade na vida de vocês que não seja Deus.

Cada um de vocês é guiado de maneira única e tem dádivas especiais a oferecer. Celebre essa orientação e essas dádivas, mas não tente orientar outras pessoas nem aceite nenhuma orientação que alguém lhe ofereça. Essa é uma falsa dádiva. Pois o que funciona para um não funcionará necessariamente para outro.

Quando entender que está em comunicação direta com Deus o tempo todo, você vai parar de procurar respostas fora de si mesmo. E parar de dar respostas às pessoas que o procuram atrás de conselhos.

O único conselho que você pode dar aos que o procuram é: busque a verdade dentro do seu próprio coração, pois só ali é possível encontrá-la.

Você pode compartilhar a sua experiência? Sem dúvida! A sua história pode ser de imensa ajuda para outras pessoas. Mas as limitações desse tipo de oferta são claras. Trata-se da SUA experiência, da sua história, e não de um conselho para que ajam como você. Seja qual for a verdade que o outro enxergar na sua história, será sempre a verdade que ele quer ver. E a interpretação, evidentemente, varia de acordo com a pessoa que ouve a história.

Em última análise, você é o único responsável pelas crenças que aceita. Alguém pode lhe dizer mentiras terríveis, mas nunca será responsável pelo fato de você ter acreditado nelas. Portanto, não perca tempo culpando o seu guru, culto ou igreja. Agradeça-os, em vez disso. Expresse a sua gratidão por terem mostrado a você o seu verdadeiro caminho. Sem ver as suas fraquezas e a fragilidade humana, você continuaria idolatrando-os e dando a eles o seu poder. Agora você pode tomar o seu poder de volta e retomar o seu caminho para a paz.

Tenham percebido ou não, eles lhe prestaram um enorme serviço. Qualquer um que abuse de você é um excelente professor. Ele lhe ensina claramente o que você deve evitar. Na verdade, os ensinamentos negativos e positivos andam lado a lado na formação do caráter do buscador.

Ser vítima de abuso e saber disso é uma bênção. Se você duvida, pense naqueles que compartilham uma falsa bem-aventurança, idolatrando um professor que lhes exige dinheiro, favores sexuais e submissão, e seja grato por você ter despertado desse tipo de ilusão.

Todo mundo, uma vez ou outra, dá o seu poder para alguém, só para aprender a recuperá-lo. Essa é uma importante e profunda lição sobre o caminho espiritual. Seja grato caso já tenha aprendido essa lição. Isso significa que você está mais próximo da sua própria verdade e, nesse caso, está mais próximo de Deus, a verdade universal.

Você conquista a unicidade não por meio da conformidade, mas da autenticidade. Quando um ser tem a coragem de ser o que é, ele encontra a verdade mais elevada que é capaz de absorver. Encontrando o mais elevado em si mesmo, ele se funde facilmente com os outros. A sua rendição ao bem comum, no entanto, não acontece quando você desrespeita a si mesmo, mas quando você transcende a dor da separação. Ao aceitar esse bem mais elevado, a pessoa também aceita o seu próprio bem mais elevado. Na verdade, uma coisa não está separada da outra.

Como isso é diferente da rendição à autoridade alheia, da submissão a um outro ego! Esse não é o fim do sofrimento, mas o início. Aqueles que mantêm reféns têm de lhes dar comida e abrigo. Têm de construir muitas prisões. Eles não encontrarão a liberdade, pois não a concedem aos outros.

A liberdade só é conquistada quando a pessoa deixa de aceitar todas as formas externas de autoridade e se recusa a ser uma autoridade para quem quer que seja. Paradoxalmente, esse é o momento em que o eu se transforma em Eu.

Eu insisto para que você tome de volta o que é seu. Assuma o seu poder pessoal. Seja um irmão, uma irmã, um amigo, mas não aceite outro professor que não seja aquele que vive dentro do seu coração.

## ACABE COM A ÚLTIMA SEPARAÇÃO

Descobrir a sua verdadeira autoridade interior é um processo que leva a vida inteira. Mas qual é exatamente a autoridade que mora nas profundezas do seu coração?

Certamente essa autoridade não se submete às vontades e necessidades das outras pessoas, mesmo que elas sejam muito bem dissimuladas. Nem se submete às suas próprias vontades e necessidades, que nascem inevitavelmente do medo. A verdadeira autoridade do seu coração abençoa você e sabe que você é absolutamente amado e está em total segurança. Ela não quer nada. Não precisa de nada. Não busca a aprovação dos outros.

A verdadeira autoridade tem uma solidez de rocha e alimenta a si mesma. Ela está continuamente avançando rumo a sua alegria maior, sem prejudicar outras pessoas. Ela não tem nenhuma dúvida de que a alegria dela não depende da alegria de ninguém. Ela serve as outras pessoas sem fazer sacrifícios, somente para lhes estender a alegria transbordante que fervilha dentro dela. Ela tem um compromisso com a própria verdade e aceita sem restrições a verdade das outras pessoas. Ela não tenta converter os outros à sua própria experiência, nem tenta afastá-los dela. Ela simplesmente confia nessa experiência, satisfeita, plena e disposta a compartilhar.

Sim, existe dentro de você essa convicção sólida como uma rocha. Você pode não saber como chegar até ela, mas ela com certeza existe, assim como você existe. A pergunta é: "Como eu posso viver em comunhão com esse eu pleno que existe dentro de mim e que não sente medo?"

O primeiro passo é reconhecer o que esse eu não é.

Ele não é o desejo de agradar aos outros e de obter sua aprovação, nem é o desejo de agradar a si mesmo à custa dos outros. Ele é mais profundo do que isso.

Ele é o eu que está além de todas as atitudes motivadas pelo medo e que mora no silêncio, na respiração profunda. Ele é aquele que vive além do tagarelar incansável da mente. Aquele que não se envolve no drama das outras pessoas, nem se deixa levar por vontades e necessidades pessoais.

Chame-o de Deus. Chame-o de Eu Superior. Chame-o de Mente Crística ou de Mente Búdica. O nome não importa.

Você não entra em contato com essa mente quando busca, quando faz, quando pensa. Você entra em contato com ela por meio da sua quietude, da aceitação calada de si mesmo e dos outros, da disposição profunda para ficar no presente. Você mergulha nas dicotomias superficiais da mente e chega nas profundezas do seu coração.

E ali, de modo nada surpreendente, você encontra Deus, não como o Outro, mas como o Eu. No silêncio existe apenas a batida de um coração. Ele não pode pertencer a mais ninguém, pois não há mais ninguém ali.

Veja bem, se você já não estivesse vivendo no coração de Deus, não poderia encontrar o caminho até ele. No entanto, você encontrou. Cada um de vocês, em algum momento, depara-se com a sua absoluta reconciliação e bem-aventurança. Ele chega tão rápido que você se pergunta se ele é real. Mas, na verdade, ele sempre foi real, sempre esteve presente, sempre esperou pela sua visita, sempre aguardou que você abrisse a mente e o coração.

Sinta, por um momento, um profundo perdão por si mesmo e tudo na sua experiência e em você mesmo demolirá as paredes que parecem separá-lo da graça de Deus. Aceitando essa graça, você deixa para trás todos os conflitos humanos. O mundo como você o conhece desaparece junto com o julgamento que você faz dele. Isso é uma revelação. É o rasgar do véu.

Não cometa o erro de pensar que essa experiência só ocorre a alguns poucos escolhidos. Ela ocorre a todos. É o destino da humanidade. Você despertará, porque não pode dormir para sempre. Você não pode resistir para sempre. Não pode viver na dor para sempre.

Mais cedo ou mais tarde você desistirá de resistir e de se isolar. Não haverá nenhum lugar que seja preciso defender nem onde se esconder. Você passa a ser visível. Passa a ser vulnerável. Pára de reagir. Pára de se defender ou de fugir da transgressão dos outros. Você só pode fazer isso porque parou de atacá-los, seja de modos explícitos ou sutis. Você pára de negar o seu amor. Pára de afastar o amor das outras pessoas.

Quando pára de atacar, você deixa de temer contra-ataques, por isso pode ficar ali nu, indefeso, sendo simplesmente quem é. Você pode viver a sua vida sem se defender. Pode aceitar as experiências dos outros sem julgá-las ou tentar mudá-las.

O que é tudo isso? É o nascimento da consciência crística dentro de você.

É a sua ressurreição. A sua internalização do divino; o Espírito de Deus vem procurar abrigo no seu coração. Agora você e Ele não estão separados; vocês são uma só pessoa.

Você fala sobre a trindade, mas não entende o que ela significa. Quem é o Espírito Santo a não ser o Cristo, o Espírito de Deus que mora no coração do Filho? E quem é o Filho? Sou eu, você ou nós dois?

Eu lhe responderei com bastante franqueza. Na condição de ser humano, você não sairá desta vivo. O humano precisa morrer para que o divino nasça. Não porque ele seja ruim, mas porque ele é uma concha que abriga o espírito, o casulo que contém as asas da borboleta.

Mas você não tem de esperar até o momento da morte física para morrer. O humano pode morrer agora em seu direito divino, se estiver disposto a aceitar a sua divindade. Se estiver disposto a parar de bancar a vítima. Se estiver disposto a parar de resistir, de se defender, de se esconder, de projetar culpa sobre os outros.

Você só pode voar se estiver disposto a reivindicar as suas asas. Mas, depois que fizer isso, não poderá mais continuar em meio às sombras escuras do medo.

A escolha é sua. O que você vai escolher? Ser uma vítima ou um anjo?

Não existe nada entre os dois! O que parece haver é apenas a concha humana. O ser que ainda não escolheu. A lagarta sonhando com as asas.

# A SALVAÇÃO

Você é o único Cristo, o único Messias, o único que trará a salvação. Pois você é o único que pode intervir na sua experiência, tomar total posse dela e elevá-la. Você é o único que pode dar a si mesmo o amor que buscou nos outros. É o único que pode resgatar-se da violência que inflige a si mesmo e dos relacionamentos abusivos.

Quando você se sente impotente, quando se sente uma vítima, quando toda a sua experiência parece ser conduzida pelo ego, não há nada melhor do que ver a fonte de poder fora das estruturas do seu ego. Render-se ao Deus lá fora é certamente melhor do que se entregar ao vitimismo e ao sentimento de impotência. Mas o risco de se entregar a um Deus exterior é que você não desiste do seu vitimismo. Você continua achando que a sua vida está sendo "feita" para você. A única diferença é que, agora, "Deus" é seu aliado.

Se Deus é seu aliado, Ele ainda pode virar seu inimigo. Você ainda está preparando o terreno para enganar a si mesmo.

Só quando sabe que é você o portador da luz, a escuridão desaparece. Mas, antes que possa se tornar o portador da luz, você precisa atravessar a sua própria escuridão. O portador da luz não nega a escuridão. Ele a atravessa.

Quando não houver nada em si mesmo ou nas outras pessoas que você tenha medo de encarar, a escuridão deixará de ameaçar você. Então você poderá atravessar a escuridão e ser a luz.

Fingir que se é o portador da luz antes de ter enfrentado o próprio medo é ser um farsante, um agente de cura que ainda não se curou, um impostor. Todos os agentes de cura que ainda não se curaram acabam caindo do seu pedestal imaginário. Onde só existe pretensão à luz, a escuridão ainda prevalece.

Para ser a luz você precisa aceitar a escuridão. A sua escuridão. A escuridão de todo mundo. Você tem de aceitar a sua mente egóica e ver a absoluta futilidade dela. Você tem de aprender a olhar o medo com amor no coração. O seu medo. Os medos da sua irmã. Os medos do estuprador e do assassino.

Você tem de saber que todos os medos são iguais e que todos eles revelam falta de amor. E você tem de aprender a responder com amor. O amor

76

é a resposta para o seu sentimento mais profundo de separação. Não só o amor por outra pessoa. O amor por si mesmo. Essa é a luz. Esse é o começo da sua jornada como portador da luz.

Depois que começar a carregar a tocha da luz para iluminar a si mesmo, levando amor às partes mais feridas da sua mente, você recupera o seu poder. Você abre mão do vitimismo. Não pode mais ser tratado injustamente porque você é a própria fonte do amor, da aceitação e do perdão.

De onde vem o amor? Ele vem de você. Você é o caminho, a verdade e a vida, assim como eu sou. Não procure o divino fora de você, pois ele só será descoberto interiormente. Quando você abençoa a si mesmo, o mundo inteiro é perdoado e coberto de bênçãos.

Não olhe adiante, meu irmão e minha irmã. Tudo começa com você. Tudo termina com você. Você é o amor! Você é Amor!

## JERUSALÉM

Quando o reino dos céus virá para a Terra? Tão logo você aceite a luz, tome posse dela e torne-se a própria luz. Tão logo você esteja disposto a abrir o seu coração e a superar os seus medos. Tão logo você esteja disposto a ver a si mesmo refletido nos olhos do seu irmão.

Quando virá o Messias? Não, ele não virá daqui a um tempo nem no final dos tempos. Virá agora. Agora é o final dos tempos. O final da separação. Agora é o final da autocrucificação. O final da projeção. O último dobrar dos sinos do medo. Agora.

Não coloque a salvação no futuro, senão ela nunca virá. Peça por ela agora. Aceite-a agora.

O reino de Deus se manifesta neste momento apenas. Só neste lugar.

Ele não requer um tempo especial. Todo tempo é especial. Ele não requer um lugar especial. Todo lugar é especial.

Quando o céu descerá sobre a Terra? Quando este exato momento for suficiente. Quando este lugar for suficiente. Quando este amigo for suficiente. Quando estes acontecimentos e circunstâncias forem aceitáveis. Quando você deixar de suspirar por outra coisa que não seja o que está diante de você neste momento.

Quando você ficar em paz com o que existe, a paz encontrará abrigo dentro de você. Não existirá mais separação. Não existirá mais espera. Não existirá mais luta. Não existirá mais resistência. Não existirá mais isolamento.

Você é o que é. Você habita o corpo cósmico mesmo enquanto move os seus braços e pés físicos. Você é a liberdade manifesta na forma física.

Mesmo que tenha uma doença ou incapacidade física. Mesmo que pareça sofrer. Não existe ressentimento. Não existe suspeita de ataque. Não existe culpa ou a impressão de que se está sendo castigado. Existe só a experiência e a simples aceitação dessa experiência. Existe só a sua inocência, sem importar o quanto a sua posição possa parecer desairosa ou comprometedora. Você não pode fazer nada comprometedor se aceitar a sua vida como ela é. Não pode ter ressentimento ou queixas a fazer. Seja como for a sua vida, ela se torna um veículo. Seja como for o seu corpo, ele é aceito. Sejam quais forem as dádivas que você tenha de conceder, elas são perfeitas. Não importa que elas não sejam as que você pensava que seriam ou que você gostaria de ter.

Quando olha a sua vida com completa aceitação, você não se recusa a conceder as suas dádivas só porque elas não atendem às suas expectativas. Você as concede porque elas estão ali para serem concedidas. Porque surge a oportunidade de concedê-las. E, ao conceder essas dádivas, o seu destino é revelado.

Só o Deus que existe dentro de você sabe por que a sua vida exterior toma um determinado rumo. Ele sabe, mas não pode contar a você, pois você não entenderia. Mas, quando você começa a confiar nos dons que recebeu, o propósito da sua vida se revela. Você entende. Pode não ser capaz de traduzir isso em palavras, mas você entende. Você vê que todas as lições, todas as limitações, todos os problemas, todos os momentos de sofrimento foram absolutamente necessários para que a dádiva fosse revelada. Para que você confiasse nela. Para que ela fosse dada e recebida.

Quando olha a sua vida com aceitação, você sente uma profunda gratidão, pois vê e sente que uma inteligência maior está operando na sua vida. Essa inteligência repousa dentro do seu coração e do coração de todos os seres. Ela visa o seu bem e o bem de todas as pessoas simultaneamente. Ela respeita e reverencia a todos.

# A FÉ

Você só pode ter fé em Deus se tiver fé em si mesmo e no seu irmão. Pergunte a si mesmo: "O que é fé?"

É a crença em algo que parece estar faltando na sua vida? Se for, isso não é fé. Fé é nunca achar que algo está faltando.

Fé é a percepção do bem naquilo que parece ruim. É a percepção da abundância naquilo que parece não ser suficiente. É a percepção da justiça naquilo que parece injusto.

Fé é levar o amor àquele que não é amável. É levar a compaixão àquele que não é misericordioso. É levar a presença de Deus aos lugares onde ele parece estar ausente.

Fé é o reconhecimento de um bem mais elevado, de uma ordem mais elevada, de uma verdade mais elevada do que aquela que uma criança assustada pode ver. E a fé é sempre conquistada nas trincheiras.

Onde você encontra fé? Nos momentos de mais intenso sofrimento!

Onde você encontra a presença de Deus? Nos momentos em que você se sente mais rejeitado e no mais completo abandono!

Isso parece injusto, mas não é. Enquanto você acreditar que possa ser atacado, a criança crística será vista como uma criança maltratada.

Pequena e indefesa, ela não revida o ataque. Ela não resiste ao mal, pois sabe que o mal é simplesmente a impressão da falta de amor. E a impressão da falta de amor só pode ser transformada na presença do amor.

A força mais poderosa do universo parece tão fraca, tão facilmente rendida, crucificada e esquecida! Mas ela não é. Todos que atacam o Cristo têm de voltar para servi-lo. E eles continuarão voltando até aprender que eles são Ele. Portanto, Ele não pode ser destruído.

Isso é injusto? Saber que todo ataque é um ataque contra si mesmo? Submeter-se à lei do karma até aprender a se elevar acima dela?

Como isso pode ser injusto?

Só na mais profunda dor a fé em Deus é descoberta e confirmada. Isso não é nenhum mistério. É o final do ataque contra si mesmo. É o momento em que você percebe que tudo o que existe lá fora é somente um reflexo de uma atitude que você tomou com relação a si mesmo.

Nesse momento, você pára de ser uma vítima.

Nesse momento, você percebe que a sua vida é perfeita do jeito que é.

Nesse momento, você reivindica a sua vida, a sua autoria, a sua linhagem divina. Você não é mais o menino que foi pregado à cruz ou a menina queimada na fogueira, mas a criança que aprendeu a abençoar a si mesma e que, assim, salvou o mundo.

Você é o santo. O anjo. O salvador.

Quando você despertar, a minha tarefa estará completa.

Na verdade, ela já está completa. Mas você continuará voltando até que saiba disso no seu coração, de uma vez por todas.

## OS FALSOS PROFETAS

O falso profeta é aquele que faz do próprio ego um deus. Ele se diz uma pessoa auto-realizada, livre do sofrimento e do medo; no entanto, mais cedo ou mais tarde seu comportamento o trai e ele revela o impostor que é. Eu já disse antes e direi novamente: "Pelos seus frutos, vocês o conhecerão". Não ouça as palavras inteligentes e persuasivas daqueles que disputam autoridade espiritual. Observe o que eles fazem. Veja se as suas ações estão de acordo com o que dizem.

Se tiver sabedoria, você não seguirá ninguém. Assim você não se perderá. Mas, se você tiver de encontrar um professor ou um líder, procure aquele que o ensina a ouvir a verdade do seu próprio coração. Procure aquele que ama você sem procurar controlá-lo, que é capaz de lhe dizer a verdade sem esperar que você concorde com ele. Encontre um professor que respeite você e o trate com dignidade e consideração.

Pelos frutos você os conhecerá.

Qualquer um que se diga detentor de um conhecimento especial e venda esse conhecimento por um preço alto é um falso profeta. Qualquer um que precise que você se curve, concorde com as opiniões dele ou defenda os seus próprios interesses é um falso profeta. Qualquer um que lhe peça dinheiro ou favores sexuais é um falso profeta. Qualquer um que convença você a abrir mão do seu poder pessoal, do respeito por si mesmo ou da sua dignidade é um falso profeta. Não se submeta a pessoas assim. Elas não têm o seu bem no coração. Elas não têm nem sequer o próprio bem no coração. Elas ainda estão abusando de si mesmas e dos outros.

Não busque a companhia de alguém que sufoque você e não lhe dê liberdade para ser você mesmo. Não aceite um professor que tente tomar decisões por você. Não aceite os ensinamentos ou a amizade de alguém que critique você ou que o culpe pelos próprios problemas. Não deixe que ninguém lhe diga o que fazer ou controle a sua vida.

Também não diga a ninguém o que fazer. Toda a necessidade que você tem de controlar outra pessoa ou de tomar decisões por ela é abusiva. Não abuse dos outros nem tente lhes tirar a liberdade de decidir o que querem. Qualquer tentativa de fazer tal coisa simplesmente prende você à roda do sofrimento.

O que você dá aos outros é o que você recebe de volta. Não vitimize ninguém nem seja uma vítima. Seja você mesmo e deixe que os outros sejam o que são.

O Anticristo busca a salvação e a paz controlando os outros. Essa é uma tentativa de forçar a reconciliação. Ela nunca funciona. O que vive pela espada morre pela espada. Os meios errados sempre levam aos fins errados.

No entanto, nem mesmo o Anticristo é ruim. Ele simplesmente tem fome de amor. Por ter fome de amor, ele tenta comprá-lo, exigi-lo, contro-lá-lo. E agindo assim ele afasta o amor. Quanto mais o amor se esquiva, mais vícios ele cultiva. Os seus medos instigam o medo nos outros.

O Anticristo muitas vezes personifica o Cristo. O lobo aparece em pele de cordeiro. Ele parece gentil, compassivo e sábio, mas isso não passa de encenação. Tão logo ele seja obedecido, a máscara cai. É por isso que você tem de ter muito cuidado. Você acha que está adorando Cristo, mas não está. Trata-se do Demônio disfarçado.

O que é o demônio? É simplesmente a mente egóica. A criancinha assustada, infeliz, zangada que mora dentro de você e se sente tratada injustamente. Esse é o único demônio que existe. E ele existe em cada um de vocês, pois todos vocês açoitam a si mesmos sem misericórdia. Todos vocês têm uma criança ferida dentro de si. Esse é o único demônio que existe.

Não tente dar poder ao demônio. Ele só parece tão poderoso porque você resiste a ele. Não tente mais afastá-lo. Pegue-o nos braços e embale-o.

Segure-o, fale com ele carinhosamente. Ame-o como se ele fosse o seu precioso filho. Pois ele é. Ele é a criança crística que repousa em seus braços. Quando essa criança sabe que é amada, ela pára de conspirar contra você. Todas as suas traquinagens vêm da crença de que ela não é digna de amor.

Quando você aceita a sua criança interior ferida, sua presença angelical é revelada. Lúcifer não é um ser humano confuso, mas um anjo caído. No seu amor, sua queda se interrompe e ele cria asas. Na redenção de Lúcifer está a sua própria redenção.

Lúcifer significa portador da luz. Ele é a criança ferida transformada no Cristo renascido. A presença angelical conduzindo a humanidade até o abraço eterno de Deus.

Até que você aprenda que o amor não é algo que se exija ou negue, você não pode dar ou receber amor sem condições. O Anticristo incorpora o demônio e o salvador em sua busca vazia por obediência e amor. No final, ele desiste. Com grande pesar, ele descobre que não pode vencer. Ele acha que está arruinado. Ele aguarda a ira de Deus.

Mas, surpreendentemente, essa ira não vem. Em vez disso, Deus se aproxima dele e o pega nos braços. "Bem-vindo ao lar, Lúcifer", ele diz, "Bem-vindo ao lar".

E então Lúcifer recupera o seu lugar no céu. E, por meio dele, o homem é testado no fogo do que ele considera desigualdade e abuso. Quando Lúcifer é redimido, a luz chega até o homem. Vítima e algoz encontram-se face a face. Surge a justiça e a igualdade.

Então o trabalho do Anticristo na Terra está cumprido. A longa jornada chega ao fim. Estamos além da tentação, pois empreendemos a jornada pelo medo e retornamos. E lembramo-nos do que vimos e de que isso não nos trouxe nem paz nem felicidade. Nós nos lembramos.

## ASAS NEGRAS PARA A LUZ

O maior obstáculo para o despertar espiritual é a pretensão de que não haja nenhum sofrimento na sua vida, de que não haja nenhuma dor. Se você não sofre nenhuma dor, ou você já despertou ou está negando essa dor.

Eu detesto ter de acabar com as suas ilusões, mas devo dizer que existem pouquíssimos seres despertos neste planeta e que existe uma grande possibilidade de que você não esteja entre eles. Eu digo isso para que você seja realista com relação à sua vida espiritual.

Muito embora você tenha entorpecido a dor, ficar congelado no medo não é algo nem de longe espiritual. Na verdade, todas as defesas psicoemocionais que você erigiu para se proteger são só obstáculos à presença do amor. De fato você as erigiu para impedir ou suportar o abuso, mas elas também afastam o amor. Elas impedem o amor de chegar até você. Elas trancam o seu coração.

Veja, você não pode despertar enquanto estiver com o coração trancado. O primeiro passo do processo de despertar é sempre "abrir o coração". Assim que ele se abrir, você sentirá toda dor e toda culpa que você intelectualizou ou reprimiu. Isso é inevitável.

Deixe que isso venha à tona. Deixe que a dor venha à luz para que você possa limpá-la e purificá-la. Se continuar vivendo com a dor, você viverá uma vida terrivelmente limitada. Medos profundos, aparentemente devastadores, circularão inconscientemente pela sua psique, impedindo você de conhecer o seu verdadeiro eu ou de se abrir para a verdadeira intimidade com as outras pessoas.

Deixe a dor vir à tona. Deixe o coração aberto. O sentimento de dor faz com que você comece a superá-la. Você percebe que ela não é devastadora. Vê que você pode suportá-la sem ser destruído por ela. Sinta a mágoa, o ódio e a traição que você nunca se permitiu sentir na infância ou mesmo na idade adulta. Deixe que o sentimento reprimido de ter sido desrespeitado venha à superfície. Você não vai deixar de ser uma vítima até descobrir por que acabou se tornando uma.

Descubra a razão por que você se sente traído. Descubra os julgamentos que faz de si mesmo. Vá cada vez mais fundo até ver a deslealdade consigo mesmo e assuma esse sentimento. Não, não se torture por isso. Assuma carinhosamente esse sentimento e chore o que tiver de chorar.

Existe uma lei espiritual que diz que você só pode ser desleal consigo mesmo, com ninguém mais. Não aceite o papel de vítima. Ele impede você de sentir toda a dor provocada pela deslealdade consigo mesmo. Deixe que essa dor venha à tona. Deixe que ela seja liberada. Deixe para lá o julgamento e o ataque contra si mesmo. Você os tem carregado há muito tempo.

Muito poucas pessoas realizaram o seu próprio processo de cura. Nem aquelas que tentam ajudar os outros fizeram isso. A maioria delas também não curou as próprias feridas interiores. Não reconheceram o papel de vítima que desempenham. Como elas podem ajudar você?

As outras pessoas não podem ajudar você. Elas têm de curar a si mesmas. Se você precisa de um mentor, escolha alguém que já conheça o caminho. E tenha cuidado; não existem muitos que o conheçam. Se você observar com atenção, verá se a escuridão dentro deles foi integrada ou se eles ainda a estão evitando.

Qualquer um que tenha medo da própria escuridão é incapaz de avançar em direção à luz. Qualquer um que rejeite sua humanidade e finja ser apenas espírito não está integrado nem inteiro. Não aceite como agente de cura uma pessoa ferida, mesmo que ela tenha um nome angelical. Mesmo que as outras pessoas a tenham em alta conta.

Encontre um mentor que não vise os próprios interesses. Alguém que diga: "Sim, eu já percorri esse caminho. Eu conheço o terreno, mas não sei bem o que vai acontecer a você. Tudo o que eu posso fazer é acompanhá-lo, ajudá-lo a mergulhar mais fundo nas sombras e ver o que acontece. Tudo o que eu posso fazer é ser um amigo, não um especialista".

Ninguém é especialista. Existem apenas aqueles que já empreenderam essa jornada e aqueles que não a empreenderam. Os primeiros não se colocam na posição de profissionais. A própria jornada lhes trouxe humildade. Os últimos fazem um grande alarde acerca dos próprios conhecimentos, que se revelam bem poucos assim que eles se identificam com você e são pegos em seu ponto fraco.

A pessoa que fez a jornada até o inferno e o caminho de volta não anseia pelo céu. Ela não pertence ao reino das fadas. Ela tem cheiro de terra e de fogo. Ela tem ondulações na testa devido aos séculos de ocupação da água. A beleza dela é a da terra. Ela é uma princesa vincada pelo tempo, uma mãe, não uma noiva virginal.

Para passar pela ressurreição, para se elevar ao céu, você tem primeiro de encontrar o demônio cara a cara. Se continuar buscando o demônio nas outras pessoas, você não vai encontrá-lo. Se não acreditar nele, você não vai se dar ao trabalho de buscá-lo dentro da própria mente.

O demônio é a sua própria presença angelical corrompida. Ele é tudo o que você esqueceu, tudo o que você fez contra si mesmo. Ele é o ser ferido, o ser crucificado, o anjo caído do céu e cercado de imundície, no pântano feroz da encarnação terrena. Ele é mais você do que o seu eu encantado, maravilhoso. O seu eu encantado é tão rarefeito quanto o ar. Ele não é da Terra. Ele não se pode elevar daquilo que nunca encontrou.

O demônio é da Terra. A sua mente egóica é o criador da Terra com toda a sua dor e beleza manifesta. Não rejeite a sua criação antes mesmo de chegar a conhecê-la. Caminhe na chuva. Bronzeie-se ao sol. Role na lama. Prove tudo o que há para provar. Não tente deixar este mundo antes de estar preparado.

A urgência de partir é o apego final à dor. Tenho de lhe dizer francamente que não há nenhum lugar para onde ir. Este é o lugar. Você não pode deixar a sua própria criação. Você tem de mergulhar nela, ficar com ela e aprender a mudá-la.

Deus não virá como um salvador para libertá-lo de um mundo que você mesmo criou. Essa é uma solução que pertence a um antigo paradigma. Ela não dá poder a você. Mesmo que fosse possível, ela não beneficiaria você.

Deus vem por meio da sua própria decisão de aceitar a sua mente egóica. Ele vem no amor e na compaixão com que você olha as feridas dentro e fora de você. Ele vem quando você estende as mãos para aceitar as asas negras que pairam em frente à porta do seu medo.

Essas asas não machucarão você. Não importa o quanto seja grande a dor, ninguém fica marcado. Ninguém tira de você a sua inocência, não importa o quanto você tenha sofrido ou praticado abusos. Veja através do disfarce sombrio e encontre abrigo na tepidez dessas asas. Existe uma porta aí e ela leva diretamente ao coração. Mergulhe na sua dor, irmã.

Você não pode chegar a Deus se não passar pela noite escura da alma. Todo o medo e toda vergonha têm de vir à tona. Todos os sentimentos de separação têm de aflorar para serem curados. Como você vai se erguer das cinzas da sua própria dor se não reconhece essa dor?

Esses que fingem que não existe nenhuma ferida nunca iniciarão a jornada espiritual. Aqueles que abrem a ferida e torturam a si mesmos e aos outros não vão além do primeiro passo no processo da cura.

Se você quer curar, lembre-se de deixar que a dor venha à tona.

Reconheça a ferida. Fique com ela e deixe que ela o ensine.

* Sinta a dor. Lembre-se do desrespeito que sofreu.
* Perdoe a si mesmo.
* Seja bondoso consigo mesmo.
* Veja a dor do seu algoz.
* Veja o ataque como um pedido de amor.
* Apóie a si mesmo agora.
* Prometa nunca mais fazer o papel de vítima.
* Prometa nunca mais ser desleal consigo mesmo.
* Entenda que você aceitou a dor porque queria amor e não sabia como obtê-lo.
* Diga o que você quer agora.
* Diga não ao desrespeito.
* Aprenda a dizer "Não" ao que você não quer.
* Aprenda a dizer "Sim" ao que você quer.
* Não confunda essas duas coisas.
* Não aceite o que não lhe parece bom.
* Diga a verdade, mesmo que corra o risco de ser abandonado.
* Seja firme. Seja claro. Toque a sua vida em frente.
* Disponha-se a sentir os seus sentimentos e a deixar que os outros saibam o que você sente. Assuma o que você sente e não coloque nos outros a responsabilidade pelo que você sente. Ninguém tem culpa de nada, nem você nem os outros.
* Saiba que a cura é um processo que leva a vida inteira. Existem muitas outras camadas de abandono que precisam vir à tona. Não há nada de errado nisso. Agora você sabe que pode sentir a dor e superá-la. Agora você pode ter confiança na sua jornada de cura.
* Você não precisa continuar procurando pela escuridão. Ela virá até você naturalmente. Depois que estiver disposto a se curar, a dor do eu fragmentado virá naturalmente à superfície. Peças do quebra-

cabeça emergirão e a figura ficará clara. Isso não acontece de uma vez só.

* Tenha paciência. Não há como apressar o processo. A sua cura tem um ritmo próprio. Respeite-o. Não force nada ou você voltará a sentir medo e ficará paralisado. Simplesmente se disponha a lidar com cada questão que se apresentar no momento.

É disso que trata o caminho espiritual. Curar as nossas feridas. Curar a nossa dor pessoal tornando-a pública. Confessando a nossa vergonha. Descobrindo os nossos parceiros nessa cura.

Esse não é um trabalho que possa ser feito numa caverna nas montanhas. Retirar-se da vida simplesmente amortece os sentidos. Isso não é nem vantajoso nem necessário.

O caminho mais curto para a iluminação é aquele que passa pelo nosso coração. Que passa pelos nossos relacionamentos. Que passa pela nossa dor, pelo nosso pesar e pelo nosso medo. Esse não parece ser um caminho muito majestoso, no entanto, é o mais majestoso que pode existir. Nele, asas negras ficam iluminadas e a escuridão ganha o seu próprio poder de cura. Pois, na escuridão, nós somos nutridos e preparados. Desse útero escuro nós avançamos em direção à luz. Sem ele, não nasceríamos.

Sem ele, não podemos renascer.

## A CICATRIZAÇÃO DA FERIDA

Entenda que, se não fosse você quem tivesse aberto a ferida, você não poderia fechá-la. Sinta-se satisfeito pelo seu sofrimento não ter sido culpa de mais ninguém. Celebre o fato de que a redenção é possível, de que você pode desfazer o que fez. Mas não vá bater a cabeça na parede ao saber que foi você quem causou o seu sofrimento. As suas criações acontecem inconscientemente, portanto, na verdade você não sabia o que estava fazendo. Se soubesse, não teria feito.

Você causa o seu sofrimento porque não sabe e precisa saber. Para que não sofra mais abusos, é essencial tomar consciência do modo como você abusa de si mesmo e dá permissão para que os outros façam o mesmo.

Até que você tome consciência da dinâmica, não poderá mudá-la. Portanto você não é responsável por ela. Você nunca poderá assumir a responsabilidade pelo que não entende. A sua responsabilidade começa com a consciência do abuso.

A dor é o maior instrumento da consciência. Até que sinta dor, você não sabe que foi desrespeitado. Depois que toma consciência do desrespeito, a sua jornada de cura começa.

Assim, nenhuma dor que você sinta é ruim. Ela não é um castigo. É um convite para você tomar consciência, para trazer à tona o sofrimento oculto.

Não se torture ao descobrir que cometeu um erro, que não agiu com consciência e responsabilidade. Em vez disso, faça a correção. Repare o erro. Assuma a responsabilidade pelo seu comportamento para que o erro, a dor provocada pela violência contra si mesmo, e o padrão de abuso relacionado a ela possam ser eliminados.

A dor é um chamado da consciência. Não atenda ao chamado com receitas que vão entorpecê-lo e manter intactos o seu mal-estar e o seu sofrimento agora mais profundos. Trate a causa da dor: a infelicidade, o ódio suicida contra si mesmo, o desrespeito contra si mesmo.

O tratamento para todos os tipos de separação é simplesmente a aceitação e o amor. Comece aceitando a dor e pedindo que ela o leve ao que a causou. Comece admitindo os seus erros sem se condenar por eles. Comece aceitando os seus sentimentos, sejam eles quais forem. Comece amando a si mesmo.

Tome consciência do desrespeito contra si mesmo, perdoe-se por isso e banhe a ferida com o seu amor. Essa é a receita da cura. A menos que você se recuse a ministrar esse tratamento, ele não se trata de um processo complicado ou difícil.

Curar a ferida significa, no final das contas, eliminar a causa. Significa entender que a autodesvalorização provocou o abuso. Depois que você chegar a esse entendimento e oferecer o seu amor em resposta, a causa da ferida é eliminada e deixa de criar outras situações abusivas.

Até que você chegue a esse entendimento e assuma a responsabilidade, novas situações potencialmente abusivas continuarão sendo criadas. Todas elas conspiram para o seu despertar. Nenhuma delas precisa ser dolorosa, caso você seja um aluno disposto a aprender.

Cada relacionamento de aprendizado oferece a você a oportunidade de dizer "Não" ao que não faz bem a você. Se você conseguir dizer "Não" antes que ocorra o desrespeito, poderá evitar mais sofrimento. Dizer "Não" para a outra pessoa significa que você tomou consciência de que costumava dizer "Sim" no passado. Significa que você está se responsabilizando pela dinâmica. Você sabe que provocou o abuso aceitando amor condicional. Você provoca abusos dizendo "Sim" à sua própria degradação, em troca da segurança e da aprovação que quer. Você diz "Sim" ao medo aceitando qualquer coisa em troca de amor.

Agora você sabe que isso não funciona. Não se pode aceitar qualquer coisa em troca de amor. Você tem de esperar pela coisa de verdade. Tem de rejeitar todos os acordos que lhe são oferecidos. Todos eles são uma forma de ataque.

Quando alguém lhe oferece amor sem condições, você logo percebe. Não há como se enganar, pois esse amor respeita você completamente. Ele não lhe pede mais do que você pode dar. Ele não manipula nem exige. Ele aceita você como é e o abençoa.

Se você não sabe como dar essa bênção a si mesmo, como pode recebê-la de outra pessoa? Pratique. Procure se aceitar assim como é. Então você saberá o que é amor e o reconhecerá quando ele surgir na sua vida.

Se você se ama condicionalmente, atrairá para a sua vida pessoas como você. Você não pode receber de outra pessoa algo que não consegue dar a si mesmo.

Portanto, você tem muito trabalho a fazer. Trabalho interior. Aceitação interior. Concluída a cura interior, a vida exterior começa a refleti-la. As pessoas que cruzam o seu caminho passam a demonstrar mais respeito por você e disposição para apoiá-lo. Existe menos luta e mais graça. O coração se abre, cheio de bondade, e a paz passa a reinar.

# A PRESENÇA DO AMOR

Quando Deus tem um lugar cativo na sua vida, existe harmonia interior e paz exterior. Você se respeita assim como respeita as outras pessoas. Esse é um sinal da graça de Deus.

Essa graça então se transforma numa luz que norteia a sua vida. Trata-se da bússola pela qual você navega. Sempre que sente desarmonia interior ou tribulação no mundo à sua volta, você sabe que não está em sintonia com a Vontade divina. Sabe que é hora de parar, respirar e de voltar para o seu centro. É hora de abrir mão das suas opiniões e desejos pessoais e orar pelo bem de todos os envolvidos.

A graça não é uma presença constante na vida de ninguém. Sempre surgem novas lições a se aprender. Não importa o quanto o coração esteja aberto, haverá ocasiões em que ele se contrairá de medo. Isso já é esperado.

A perfeição não acontece externamente. Se está encarnado aqui, você não está livre dos erros.

Comece, portanto, a entender que a graça é transitória. Você entra em sintonia e também sai dela. Mas só temporariamente. Porque você sabe como restabelecer a conexão. Você sabe como reiniciar a dança.

O ritmo da dança acompanha a batida de cada coração. O ar entra e sai dos pulmões. Deus aparece e desaparece. A atenção vem e vai. O eu é esquecido e relembrado. Existe um movimento alternado, para a frente e para trás, embora haja também uma continuidade geral em que momentos de descontinuidade são bem-vindos. Trata-se de uma dança suave e misericordiosa, sem nenhuma rigidez.

Isso é o melhor que a vida tem a oferecer. Se você busca por mais, vai procurar em vão. Se está em busca da iluminação absoluta, da certeza absoluta, você não vai encontrá-la.

A graça acontece no fluxo da vida, não separada dela. E a vida é como um rio que corre das montanhas para o mar. Quando ele deixa as montanhas, corre impetuosamente ladeira abaixo para alcançar o seu objetivo. Ele vai se moldando ao terreno pelo que parece uma eternidade, através de campos e planícies, ramificando-se em vários afluentes, juntando-se com outros cursos d'água. Quando chega ao oceano, ele perde toda a pressa.

Tem a confiança que nasceu da experiência. Quando atinge o seu destino, ele não se considera outra coisa que não seja o mar. Ele confia completamente em si mesmo, sem ter começo nem fim.

O mesmo acontecerá com você. Quando você mergulhar fundo na sua vida, tudo que mantém você separado será levado embora suavemente. Ao inspirar, você se abre para aceitar tudo o que vier. Ao expirar, você se despede de tudo isso sem fazer nenhum esforço.

# 4

# O Modo de Vida Correto

## OS DONS DE DEUS

Os dons que você recebeu nesta vida não pertencem só a você. Eles pertencem a todos. Não seja egoísta guardando-os só para si. Não seja egoísta aprisionando-se a um estilo de vida que cerceia o seu espírito e não confere graça nem espontaneidade à sua vida.

Arrisque-se sendo apenas quem você é.

Deixe de lado as expectativas que os outros têm com relação a você. Deixe de lado tudo o que você acha que deve ou tem de fazer e procure saber que pensamentos e ações lhe dão mais prazer. Viva de dentro para fora, não de fora para dentro.

Buscar a sua alegria não é uma atitude egoísta. É, na verdade, a atitude mais bondosa que você pode ter com relação aos outros. É para isso que os seus dons são necessários. Você só pode elevar o espírito das outras pessoas se confiar nos seus dons e oferecê-los incondicionalmente ao mundo.

Pense em como a vida seria vazia se as pessoas à sua volta optassem por desprezar os próprios dons. Tudo o que você encontra de maravilhoso na vida — a música, a poesia, o cinema, os esportes, as risadas — deixaria de existir se as pessoas negassem os próprios dons.

Não deixe de mostrar os seus dons às outras pessoas. Não cometa o erro de pensar que você não tem nada a oferecer. Todo mundo tem um dom. Mas não compare o seu com o das outras pessoas, senão você talvez não o valorize o bastante.

Os seus dons dão alegria a você e aos outros. Se não existe alegria na sua vida, é porque você está negando o que tem para dar. Não está confiando nos seus dons. Não está fazendo com que eles se manifestem na sua vida.

Todos os dons são expressões criativas do eu. Eles revelam o eu. Eles rompem as barreiras de separação e mostram aos outros quem você é.

Criar é dar forma à consciência interior. Essa consciência não existe neste mundo do jeito que você a expressaria. A expressão que você dá a ela é única, autêntica. Ela é nova, sincera, algo que se manifesta a partir da sua própria experiência.

A pessoa criativa não se orienta com base no que está do lado de fora. Ela não imita formas estabelecidas. Ela ouve a sua voz interior.

Ela pode examinar o mundo. Ela pode até estudá-lo e esquadrinhá-lo. Mas depois ela internaliza o que vê. Observa o mundo e o digere. Considera-o à luz da sua própria experiência. Ela o sente. Toma posse dele. Apropria-se dele e depois o devolve. E o que ela devolve é a visão que tem dele. A sua perspectiva única. A sua história.

E, se essa pessoa for honesta, os outros serão tocados, pois verão na história dela a história deles próprios. Eles compartilharão a visão dela, por um momento, por um dia, por uma semana ou até mais. Alguns apoiarão o seu trabalho criativo. E o apoio deles facilitará o trabalho dela. A energia que ela despendeu começará a voltar para ela. Ela se sentirá recompensada do ponto de vista emocional e financeiro. Trata-se de um lindo processo.

Talvez você tenha tentado fazer isso, mas não tenha conseguido. Talvez você ainda esteja batalhando para manifestar o seu dom. Você pergunta, "O que eu estou fazendo errado?" "Por que o universo não está me apoiando?"

A resposta é simples. Ou você está tentando manifestar algo que não é o seu dom ou você não acredita no seu dom o bastante.

"Bem, então como vou saber?", você pergunta.

Pergunte a si mesmo, "Estou fazendo isso porque me dá prazer ou porque estou em busca da aprovação dos outros?" Se o que você está fazendo não é prazeroso, isso não trará felicidade nem para você nem para os outros. Você tanto pode ser bem-sucedido quanto mal-sucedido, mas não terá felicidade. Só aquilo que brota no seu coração com grande entusiasmo prosperará em todos os níveis. Só aquilo que você ama tocará os outros e provocará verdadeiro apreço.

Apreço e aprovação são duas coisas totalmente diferentes. O apreço é o fluxo de energia natural, espontâneo, que volta para você quando os outros se sentem tocados por você e pela sua história. Não há nada que você possa fazer para inspirar apreço, a não ser dizer a verdade e ser você mesmo. Quando se expressa com autenticidade, algo essencial sempre acaba voltando para você. Pode não ser o que você esperava, porque o seu ego não está em busca de apreço, mas de aprovação.

A busca por aprovação está fundamentada na idéia de que você não é suficiente. Você quer que os outros dêem a você o amor que falta na sua vida. Essa busca é inútil. Se você se sente vazio e procura exteriormente algo que o preencha, os outros vão se sentir atacados. Eles interpretarão o seu pedido de apreço como uma exigência. Isso os afastará de você ou eles sentirão uma certa aversão. E então você se sentirá ainda mais vazio, rejeitado e maltratado.

Enquanto você não irradiar energia, ela não pode voltar para você. Fazer uma exigência não é irradiar energia. É irradiar um vácuo que suga a energia das outras pessoas. É gritar para o mundo: "Eu preciso que vocês me valorizem porque eu não me valorizo". A menos que você tenha apreço e amor por si mesmo, as outras pessoas não receberão a sua dádiva, não importa o quanto você se empenhe em oferecê-la.

Irradiar energia significa levar-se a sério, mas não a sério demais. Significa valorizar-se a ponto de se dispor a compartilhar com as outras pessoas. Não significa atacar as pessoas com os seus dons. Quando você tem expectativas demais com relação ao modo como as pessoas receberão os seus dons, você impossibilita que elas os recebam.

Se você valoriza os seus dons, não se importa tanto com o modo como as pessoas os recebem. Mesmo que elas não tenham uma opinião positiva, você não desistirá de oferecê-los várias e várias vezes.

A felicidade e a satisfação pessoal são frutos do comprometimento consigo mesmo. Esse comprometimento será testado mais de uma vez. Vezes sem conta, o universo solicitará que você ofereça os seus dons em face do criticismo, do ceticismo ou da aparente falta de apreço. E, cada vez que for rejeitado, você terá de decidir, "Tento outra vez?"

Se o dom não for verdadeiro, mais cedo ou mais tarde você deixará de oferecê-lo. Ficará claro que você nunca recebeu o que queria ao oferecer os seus préstimos. Ficará claro que oferecer esses préstimos é uma maneira de você se torturar. Então você pára de atacar a si mesmo, querendo manifestar um dom que não cabe a você manifestar.

Por outro lado, se o dom for verdadeiro, você aprenderá com o aparente fracasso e com a rejeição. Você aprenderá a valorizar ainda mais o seu dom e a oferecê-lo com mais autenticidade. Você aos poucos parará de atacar as pessoas com o seu dom e começará a criar um espaço mais amoroso em que esse dom possa ser oferecido e recebido.

O dom autêntico se desenvolverá quando você começar a confiar nele. O dom falso não se desenvolverá. O primeiro é uma dádiva do Espírito e é responsabilidade sua garantir que ele se manifeste. O segundo é a expectativa do seu ego, que mais cedo ou mais tarde terá de se render para que os verdadeiros dons possam se manifestar.

O dom verdadeiro inspira apreço, aumentando assim a intimidade e a ligação com os outros. O dom falso traz aprovação ou rejeição, sendo que ambos trazem isolamento, dor e humilhação.

Então pergunte a si mesmo, "Eu estou em busca de aprovação? Estou em busca do afeto que não estou disposto a dar a mim mesmo? Eu me amo e me valorizo agora ou estou em busca do amor que vem dos outros, para saber que está tudo bem comigo?"

Pergunte a si mesmo, "Eu estou confiando o suficiente no meu dom? Estou confiando pouco nele e escondendo a minha luz, ou confiando demais e atacando as outras pessoas com esse dom?"

Respostas honestas a essas perguntas dissiparão toda confusão com respeito a essa questão.

## COMO CULTIVAR O SEU DOM

Muitas pessoas dizem que não conhecem os dons que têm, mas isso não passa de negação. Você não pode ser consciente e ao mesmo tempo não saber que dom tem a oferecer. O seu dom sempre está onde existe mais alegria e entusiasmo.

A única dificuldade que você tem para reconhecer o seu dom é o fato de que ele pode não se ajustar às suas expectativas e à idéia que você faz dele. Suponhamos, por exemplo, que você saiba ouvir. As pessoas o procuram para contar os seus dramas e vão embora mais leves e felizes. As pessoas vivem dizendo que gostam de estar na sua companhia. Elas sentem que você as aceita como elas são. Elas se sentem fortalecidas. Você parece não se incomodar que elas contem seus problemas. E a sua presença exerce um efeito positivo sobre elas.

Mas você não entende por que isso acontece. Não faz nada em particular, portanto não consegue entender que esse é um dom que você tem. Você continua a procurar seus dons fora da sua experiência. Você pensa, "Será que eu devo voltar a estudar e ser bibliotecário?" Mas você já tem dois mestrados. Já recebeu todo o treinamento necessário. O treinamento não é a questão. Mudar de carreira não é a questão.

A questão é que o seu dom está na frente do seu nariz e você se recusa a vê-lo. Você acha que o seu dom consiste em "fazer" alguma coisa, mas não se trata disso. O dom é um "jeito de ser" que é exultante e não requer esforço. Ele brota naturalmente em você. E traz alegria aos outros de maneira palpável e imediata.

"Bem", você pensa, "talvez eu deva voltar a estudar e fazer um curso de aconselhamento. Ninguém vai querer se consultar comigo e pagar pelos meus serviços se eu não tiver um diploma". Mas você está enganado. Não importa o que você faça. Não estamos falando sobre fazer alguma coisa, mas sobre um jeito de ser. Não importa o que faça, você pode expressar o seu dom. Você não precisa desempenhar um papel especial, não precisa de um palanque especial.

Buscar um papel especial é um jeito de não manifestar o seu dom. É dizer, "Esse dom não está de acordo com as minhas expectativas. Ele não me ajuda em nada. Por que eu não posso ter um dom de verdade? Os outros têm. O que há de errado comigo?"

Se conseguir dar a si próprio o mesmo amor incondicional e a mesma aceitação que você dá aos outros, você poderá dar uma guinada na sua vida, pois começará a confiar no seu próprio dom. A menos que você valorize o seu dom e confie nele, como o universo pode apoiar você?

Muitos dos seus dons ainda não foram reconhecidos porque eles não estão de acordo com a idéia que você faz deles. Ou você os desvaloriza e os impede de se manifestar comparando-o com os dons das outras pessoas. Você tem inveja delas. Preferia ter os dons dessas pessoas do que ter o seu. Que perda de tempo e energia!

Vamos, meu amigo, saia dessa! Aceite o dom que você recebeu, não importa como ele seja. Você verá. Será divertido. Os outros o apreciarão. A vida começará a fluir à medida que você expressar esse dom sem esperar retribuição.

Toda vez que estabelece uma condição para oferecer o seu dom, você o impede de se manifestar. "Eu só vou cantar se tiver uma platéia de mil pessoas e ganhar pelo menos cinco mil dólares!" Supondo que nem tantas pessoas queiram ouvir você cantar, quantas ofertas para mostrar o seu dom você receberá?

Mais adiamentos. Mais resistência. Mais sacrifício e autotortura! Como a sua carreira vai deslanchar se você não dá o primeiro passo para iniciá-la?

A sua carreira é como um bebê. Ele precisa receber alimento tanto dentro quanto fora do útero. Quando você se der conta, pela primeira vez, do dom que tem, não saia por aí espalhando essa informação aos quatro ventos. Guarde segredo. Comece a cantar no chuveiro. Encontre um professor. Pratique todo dia.

Então, quando chegar a hora de mostrar o seu dom às outras pessoas, procure um ambiente informal e discreto, que não faça você ficar preocupado com o seu desempenho nem pressione os outros a reagir favoravelmente. Deixe a coisa correr com mais leveza, do jeito que você faria se uma criança quisesse cantar para você. Não importa o quanto você esteja ansioso para desenvolver o seu dom, primeiro dê espaço para que a criança dentro de você se manifeste.

Aprenda, cresça e deixe que o seu dom se manifeste naturalmente. Assuma riscos pequenos, depois outros maiores. Cante para platéias pequenas e fique mais confiante. Depois, sem que você tenha de fazer nada, as platéias aumentarão.

Aqueles que se recusam a começar com passos pequenos, nunca realizam nada. Eles buscam a lua e nunca aprendem a ficar com os pés na Terra.

Não tenha receio de ser um aprendiz. Se você admira alguém que tem um dom parecido com o seu, não tenha medo de lhe pedir algumas dicas. Esse é um dos modos de aprender a confiar no seu dom.

Por outro lado, você não pode ser aluno para sempre. Chega uma hora que o aluno não precisa mais de professor. Quando essa hora chegar, dê um passo à frente. Confie no seu dom. Confie em todas as horas que você praticou. Siga adiante. Tenha fé em si mesmo. Você está pronto.

O modo como você se relaciona com o seu dom revela muito sobre se você é feliz ou não. As pessoas felizes estão expressando o seu dom o tempo todo, não importa em que nível e em que arena da vida. As pessoas infelizes escondem os próprios dons até que a vida lhes prepare o cenário perfeito para que eles se manifestem.

Eu posso lhes dizer agora que nunca vai haver um cenário perfeito. Mesmo que a vida atenda a todas as suas expectativas, quando chegar o momento que você esperava, o seu dom não será o que você previa.

É muito simples, na verdade. Você tem de abrir mão de todas as expectativas. Para confiar no seu dom, você tem, entre outras coisas, de esquecer o modo como acha que ele deve ser recebido pelas pessoas. Isso não é assunto seu. Não é da sua conta. Não importa o quanto você seja talentoso, você nunca saberá quem será tocado pelo seu trabalho e quem lhe virará as costas.

Para expressar o seu dom, você precisa soltá-lo. Não pode se prender a quem vai recebê-lo e quem não vai. Ninguém agrada todo mundo. Alguns mostram o próprio dom apenas a algumas poucas pessoas. Outros mostram para milhões. No primeiro caso, o compartilhar é íntimo e profundo. No segundo, é superficial e amplo.

Não cabe a você julgar.

Não julgue os dons. Aceite-os, valorize-os e compartilhe-os. E não julgue o modo como são recebidos. Ofereça-os sem se apegar aos resultados, sem expectativa de retribuição.

Você não pode oferecer os seus dons e agarrar-se a eles ao mesmo tempo. Quando perceber o quanto isso é absurdo, você dará ao seu dom as asas que ele merece ter. E esse é o momento em que ele atingirá aqueles que precisam dele. E a energia desse dom chegará até essas pessoas e voltará para você. O ciclo de dar e receber estará completo. Você perceberá o apreço das pessoas e um novo ciclo de doação terá início.

## O COMPROMISSO CONSIGO MESMO E COM OS OUTROS

O seu compromisso com a expressão do seu dom transformará a sua vida. Todas as estruturas da sua vida que limitam você cairão por terra tão logo você assuma esse compromisso consigo mesmo. Tentar mudar essas estruturas a partir de fora é inútil. Não é assim que ocorre a mudança.

A mudança ocorre de dentro para fora. Quando você aceita o seu dom e supera o medo de expressá-lo, estruturas antigas, pertencentes a um estilo de vida obsoleto, são desenergizadas. Sem receber energia de você, essas estruturas se dissipam. Você não tem de fazer nada. Quando elas se dissipam, criam um espaço mais amplo na sua consciência, permitindo que o seu dom seja reconhecido, oferecido aos outros e recebido.

A sua situação profissional, a sua vida em família, o seu sono e os seus padrões alimentares começarão todos a mudar, à medida que você começar a respeitar a si mesmo e a buscar o que lhe dá prazer. Sem que seja preciso fazer esforço, você se desvencilha dos papéis e dos relacionamentos que não colaboram para com o seu contínuo crescimento. Isso acontece espontaneamente. Não é preciso força nem violência.

Diante do seu compromisso absoluto e irrestrito consigo mesmo, as outras pessoas se juntarão a você ou sairão do seu caminho. Situações nebulosas criadas pela sua incoerência — o seu desejo de ter algo e de desistir disso ao mesmo tempo — se definirão. A lucidez emergirá das nuvens da dúvida e o apego será extinto pelo eu radiante e compromissado.

Quando uma pessoa avança rumo à individuação, ela dá a todos a permissão para fazer o mesmo. Estruturas familiares problemáticas são desmanteladas e novas estruturas que respeitam os indivíduos as substituem.

É isso o que faz o compromisso com o eu. Ele destrói a falta de cuidado consigo mesmo, a co-dependência, a tentativa neurótica de aceitar qualquer coisa em troca de amor, o tédio, a apatia e o comportamento crítico. Ele liberta os indivíduos para que sejam eles mesmos e para restabelecer uma sintonia mais verdadeira de modo mais consciente.

A fidelidade de uma pessoa com relação a ela mesma e a disposição de viver o seu sonho implode todo o edifício do medo que a cerca. É simples como estou dizendo. E tudo acontece de modo tão suave quanto o primeiro "Sim" pronunciado no silêncio do coração.

Ninguém é abandonado só por dizer "Sim" a si mesmo. Se você não pensa assim, construirá em torno de si uma prisão de medo e de culpa. O "Sim" que você diz para o seu eu essencial e para o propósito da sua vida é também um "Sim" para o eu essencial e para o propósito das outras pessoas. A tentativa neurótica de aceitar qualquer coisa em troca de amor, o que faz com que uma pessoa invada constantemente a outra, não pode continuar à luz da auto-afirmação. Quando se declara livre, você instiga os outros a buscar também a liberdade. Se eles vão em busca dela ou não, isso não lhe diz respeito.

O chamado para a auto-realização não é um convite para abandonar os outros. Não é um convite para a separação ou para evitar a responsabilidade. O chamado para respeitar a si mesmo é também um chamado para respeitar os outros. Se uma pessoa não está feliz, geralmente as outras também não estão. Cedo ou tarde, é preciso enfrentar essa infelicidade e conversar sobre ela.

O chamado para a auto-realização acontece na mesma medida em que o coração permanece aberto. Não se trata de um fechamento, mas de uma abertura.

Às vezes as outras pessoas não conseguem enxergar a dádiva que o seu compromisso consigo mesmo representa para elas e você tem de tomar atitudes que elas não compreendem ou apóiem. Isso será difícil para você, mas não se renda àqueles que o fazem se sentir culpado por seguir o seu coração. Permaneça firme no seu compromisso consigo mesmo, mas mantenha o coração aberto à dor das outras pessoas. Ame-as, abençoe-as, converse com elas, dê a elas todo apoio que puder dar, mas não deixe que elas afastem você da responsabilidade que tem consigo mesmo.

O seu compromisso com as outras pessoas tem de ser uma extensão do compromisso que você tem consigo, sem nunca estar em desacordo com ele. Como você vai poder escolher entre o seu bem e o bem do outro? Não é possível.

Ninguém pede que você faça essa escolha.

Sempre existe um jeito de respeitar você mesmo e também as outras pessoas. Descubra que jeito é esse. Empenhe-se para encontrá-lo.

Não abandone a si mesmo. Não abandone os outros. Confie no compromisso que tem consigo mesmo. Convide os outros para participar dele. Confie no seu compromisso com eles. Empenhe todo o seu ser nesse compromisso.

Seja quem você é e disponha-se a compartilhar. Não desrespeite a si mesmo. Não exclua os outros do seu amor. O que mais você pode fazer? O que mais precisa ser feito?

Deixe as formas antigas para trás. Deixe que uma nova forma surja naturalmente na sua vida. Siga voluntariamente para o espaço aberto do "não saber". Sempre que deixa o passado para trás, você precisa entrar nesse espaço. Não tenha medo. Não fique constrangido. Não há problema em não saber, em deixar que as coisas corram naturalmente.

Fique simplesmente no presente e diga a verdade. Tenha paciência. O crescimento é um processo. Seja gentil consigo e com os outros. Você não vai crescer sem cometer erros.

## O ÚNICO TRABALHO QUE EXISTE

Todo trabalho espiritual inclui necessariamente a expressão prazerosa do eu e a elevação das outras pessoas. Se o seu trabalho não é prazeroso, ele não expressa os seus talentos e capacidades e, se ele não eleva as outras pessoas, ele não é espiritual. Ele não passa de um trabalho mundano.

Eu já pedi muitas vezes para que você fique no mundo, mas não seja do mundo. O que isso significa?

Significa que você pode realizar as tarefas que os outros homens e mulheres realizam, mas precisa fazer isso com prazer e no espírito do amor. Você oferece o seu trabalho como uma dádiva. Ele não requer sacrifícios.

Se houver sacrifício, não há prazer. E daí não haverá nenhuma dádiva.

Não trabalhe só por dever. Mesmo que sirva aos outros, faça isso com alegria, ou não faça.

Não faça nada de que você não gosta só para ganhar dinheiro. Mesmo que o dinheiro garanta o sustento de uma família, os membros dessa família não vão prosperar por meio do seu sacrifício.

Só prospera o que é fruto do amor.

Existem centenas, se não milhares, de maneiras pelas quais você pode enganar a si mesmo e trabalhar por sacrifício ou dever. Existem outras mil maneiras de enganar os outros e trabalhar com impaciência ou ganância. Tome consciência das muitas maneiras sutis pelas quais você é desleal consigo mesmo e/ou com os outros. Não espere pelas recompensas que o mundo pode lhe dar. Bens materiais, nome e fama não lhe trarão felicidade.

Só o trabalho prazeroso lhe trará felicidade. Só o trabalho prazeroso trará felicidade aos outros. Não pense que a felicidade pode vir do sacrifício ou da luta. Os meios precisam ser compatíveis com os fins. O objetivo é cumprido por meio do próprio processo.

Tenha cautela com o trabalho motivado pela culpa ou pela arrogância espiritual. Não tente salvar você mesmo ajudando os outros. Não tente salvar os outros quando é você mesmo que precisa ser salvo.

Primeiro, coloque as coisas no devido lugar na sua mente. Aprenda a perdoar o passado e a respeitar-se aqui e agora. Aprenda a confiar nos seus dons. Quando você expressa plenamente quem você é com alegria, o seu trabalho chega naturalmente àqueles que se beneficiarão dele ou do exemplo que você dá. Essa é a obra de Deus. Ele não precisa de marketing. Ele tem o seu próprio programa de ação.

Depois que você descobriu qual é a carreira da sua vida, o maior obstáculo para segui-la é a sua tentativa de "direcioná-la". Não é você quem fará o seu trabalho espiritual acontecer. Se tentar, não conseguirá. Você verá o trabalho mais elevado em risco por causa da arrogância espiritual e das expectativas do ego.

Você não pode fazer o seu trabalho espiritual assim como faz o mundano. O primeiro requer entrega. O segundo requer a ilusão do controle.

Assim que você desiste da necessidade de controlar, qualquer trabalho pode se tornar espiritual. Assim que você tenta assumir o comando, até o projeto mais espiritual pode cair por terra.

Espiritual não é o que você faz, mas o modo como você faz. O que você faz com alegria e prazer é espiritual.

Mundano não é o que você faz, mas o modo como você faz. O que você só faz por dever, sacrifício ou em busca de aprovação é mundano.

O que importa não é a casca externa, mas a motivação interior. Não é "o que", mas o "como".

Não tente descobrir o seu propósito na vida buscando pistas lá fora. É impossível.

Não tente descobrir o seu propósito na vida ouvindo as idéias e opiniões dos outros. É impossível.

Você descobre qual é o trabalho da sua vida ouvindo a voz do seu coração. Não existe outro jeito.

Essa parece uma jornada solitária e, de certo modo, ela é mesmo, pois ninguém pode empreendê-la por você. Você tem de percorrer as primeiras milhas sozinho. Tem de demonstrar o seu compromisso.Tem de mostrar que não deixará que ninguém o desvie do seu curso.

Com o tempo, outras pessoas passam a caminhar ao seu lado. Isso é inevitável. Você não tem de procurar por elas. Você as encontra no curso natural de respeitar a si mesmo e de se abrir para a sua própria experiência.

## O MITO DA PROSPERIDADE MATERIAL

É preciso deixar claro que poucas pessoas se dedicam seriamente ao trabalho de Deus. Dentre essas que afirmam se dedicar, só algumas demonstram de fato essa dedicação. Não espere que o mundo apóie a sua jornada rumo à autenticidade. Ele não apoiará!

O mundo só apóia o que ele consegue compreender. E neste momento tudo o que ele compreende é o dever e o sacrifício. Isso mudará com o tempo. Mas não espere que seja agora. Não inicie o seu caminho profissional com a esperança de que terá a aprovação e o apoio de todos.

Aqueles que entendem os meus ensinamentos e tentam colocá-los em prática são geralmente tratados com desdém pelo mundo. Não se surpreenda se isso acontecer com você. O fato de outros homens e mulheres sentirem inveja de você ou se sentirem ameaçados não é um sinal da desaprovação divina.

Se isso acontecer, agüente firme e irradie amor e aceitação para os outros. Quando virem que você só tem o bem mais elevado no coração, eles o aceitarão melhor. Se você estiver realmente disposto a empreender a jornada, a sua paciência será recompensada. Mas, se só está atrás de aprovação e reconhecimento, você não vai conseguir o que quer.

Não dê atenção à religião da abundância. Ela não é nem mais útil nem mais verdadeira do que a religião do sacrifício. Deus nem sempre recompensa o trabalho espiritual com sucesso material. Todas as recompensas são espirituais. Felicidade, alegria, compaixão, paz, sensibilidade; essas são as recompensas por uma vida vivida na integridade.

Se o sucesso material não vier, isso não é importante. Se, para você, ele parece importante, e surgir o ressentimento, isso só é sinal de que é preciso tirar o ego do caminho. A pessoa precisa aprender, de uma vez por todas, a parar de medir as riquezas espirituais com base nas riquezas mundanas.

Se o sucesso material vier, isso muitas vezes é um teste para ver se a pessoa consegue transcender o interesse próprio e a ganância. A pessoa que não está disposta a compartilhar a riqueza material com os outros não é espiritual.

A riqueza material, assim como todas as outras dádivas, é concedida para que possa ser dividida com as outras pessoas. Se você está guardando uma dádiva de Deus só para você, não obterá a recompensa da verdadeira prosperidade, que é a felicidade e a paz.

Não caia no erro de pensar que a sua vida profissional tem de garantir uma polpuda conta bancária. Se acredita nisso, e não obtiver sucesso material com o seu trabalho, você achará que escolheu o trabalho errado. Você se sentirá inadequado e sem valor. Condenará a si mesmo e abandonará o seu dom.

Por outro lado, não caia no erro de pensar que você tem de ser pobre para servir a Deus. O rico pode servir a Deus tanto quanto o pobre, se ele estiver disposto a compartilhar as suas riquezas. O que importa não é quanto você tem nas mãos, mas se você estende essas mãos para ajudar o seu irmão ou irmã. Olhe de dentro para fora, olhe no seu coração, olhe a sua intenção, e você verá as coisas como Deus as vê.

A todos os homens e mulheres foi concedido um dom. Não importa a aparência que ele tem quando comparado ao dom de outra pessoa. O que importa é que cada pessoa aceite o próprio dom e ofereça-o aos outros.

# 5

# A Cura do Eu Dividido

## INDULGÊNCIA E RENÚNCIA

Muitas pessoas ainda encaram a vida com a seguinte expectativa: "Se eu for bom, Deus me recompensará". O entendimento que elas têm da abundância é unidimensional. Elas acham que podem manipular Deus usando o mantra certo. Quando todo o pensamento mágico falha, elas se sentem um completo fracasso. Se elas descobrem que têm um câncer ou se a empresa delas vai à falência, elas começam a condenar a si mesmas sem clemência. Perdem toda a esperança. Algumas até chegam a se suicidar.

Existem outras que encaram a vida da expectativa oposta: "Se eu sofrer, serei merecedor do amor de Deus". Como eu fui crucificado, elas acham que têm de ser também. Essas pessoas são vítimas da mesma perspectiva linear e unidimensional. Elas acham que têm de se anular para cair nas graças de Deus. Quando são beneficiadas por um lance de sorte, um sentimento de inadequação sabota o sucesso delas. Ou elas se sentem envergonhadas por essa sorte, desperdiçando os seus recursos ou distribuindo-os motivadas pela culpa.

Nem a auto-indulgência nem a negação de si mesmo trazem paz e felicidade. Aqueles que são indulgentes consigo mesmos por fim percebem que acabam viciados nisso e se sentem cada vez menos satisfeitos. E aqueles que negam a si mesmos, um dia descobrem que se tornaram pessoas rígidas, inflexíveis, sem sensibilidade ou compaixão.

A maioria das pessoas está se recuperando de desejos compulsivos ou de renúncias. Elas passam pela dor da indulgência ou pela dor da abstinência. Talvez por ambas. Elas cometeram o erro de agir impulsivamente sem respeito por si mesmas ou pelos outros, buscando uma satisfação ilusória. Ou cometeram o erro de se afastar da vida, evitando assumir riscos ou enfrentar situações novas.

Nenhum dos extremos faz bem à pessoa. Tanto o desejo compulsivo quanto a renúncia são formas de apego ao passado. Para ficar no presente, toda pessoa tem de aprender a aceitar a própria experiência e todos os sentimentos que ela desperta. E isso também vale para as experiências que a desagradam. Quando a pessoa aceita a sua experiência e fica em contato com os sentimentos que ela suscita, sejam eles positivos ou negativos, ela não precisa continuar carregando essas experiências em seu subconsciente.

## A CURA DO EU DIVIDIDO

Tanto os comportamentos compulsivos quanto os defensivos são modos de fugir da própria experiência. A pessoa não faz caso dela, em vez de enfrentá-la e aceitar todos os sentimentos que ela suscita.

Se conseguir aceitar todos os seus sentimentos e expressá-los sem se julgar, você não precisará ter um reservatório subconsciente de sentimentos reprimidos. Quando se distancia das suas experiências e evita saber o que sente, você cria uma consciência dual, em parte consciente e em parte inconsciente, em vez de uma só.

Esse tipo de dissociação é mais evidente nos casos de abusos físicos e/ou emocionais graves. Parte do eu se esconde, passa a ficar inacessível e se separa do todo. Para que haja a cura, esses aspectos fragmentados do eu, assim como as suas lembranças traumáticas, precisam ser trazidos à tona e integrados à consciência.

A reconstituição do eu dividido é a essência do processo de cura, mesmo nos casos em que a pessoa não passou por experiências traumáticas. Todas as experiências de medo causam algum tipo de dissociação, pois perturbam a respiração e desligam a pessoa de seus sentimentos. Essas experiências em que a pessoa se desliga do eu levam aos descaminhos que provocam toda futura vitimização.

Quando os pais, os professores e outros adultos importantes não validam a experiência da criança, ocorre a dissociação. A criança reprime os sentimentos e começa a desenvolver um eu falso e socialmente aceitável, que lhe permite satisfazer as exigências à sua volta. Esse eu é uma fraude. Ele é construído a partir do medo, esconde a vergonha e se apresenta ao mundo com uma camada do verniz da "normalidade".

Todos os seres humanos têm esse eu falso, esse verniz, usado como uma máscara que os protege dos julgamentos e ataques. Todos os seres humanos sentem vergonha da deslealdade que demonstram consigo mesmos e que escondem até dos parentes e amigos mais próximos. Todos os seres humanos têm um conteúdo subconsciente que precisa vir à superfície, para a mente consciente.

Para isso, a fina carapaça que recobre o falso eu precisa ser quebrada. A pessoa pode perder o emprego, enfrentar o rompimento de uma relação importante ou perder um ente querido. Muitas vezes, ela contrai uma doença grave. Depois que essa carapaça se racha, tudo o que estava enterrado pode vir à tona.

Como todas as desconexões da nossa experiência consciente estão registradas no nosso corpo, todas as experiências reprimidas de violência podem se manifestar como doenças. Como tal, a doença é um chamado de despertar, um chamado para a consciência e a cura. À medida que a psique do indivíduo fica mais em sintonia com o amor, as lembranças reprimidas têm mais chance de vir à tona. Isso ocorre porque o indivíduo está mais preparado para enfrentá-las, aceitar os seus sentimentos e integrar a experiência.

# O CORPO RESSUSCITADO

Construir uma ponte entre a experiência consciente e a inconsciente é o ato básico e essencial de integração do eu. Toda a espiritualidade baseia-se nessa integração.

A cisão entre corpo e espírito ocorre na mente. E ela precisa ser reparada. O corpo nunca é inimigo do espírito. Na verdade, acontece o oposto. É o corpo que rompe a frágil carapaça do falso eu e traz à tona as lembranças reprimidas para que sejam curadas. Por ser a cruz na qual se sente a dor, o corpo goza de má reputação. Mas, a menos que essa dor seja sentida, a ressurreição é impossível.

Negar a dor da existência não eleva o corpo. Não alivia a dor que ele sente. A negação da dor é, na realidade, o ato da crucificação. Ele acontece a todo momento.

Sentir dor é voltar a se unir ao corpo, é trazer a respiração (espírito) de volta para o corpo. Nesse ato de religação, o falso eu é destruído de uma vez por todas. Cai a máscara do fingimento e da negação. As lembranças voltam. A experiência é integrada.

A dor não é nossa inimiga, mas sim a maior amiga que temos. Ela nos leva de volta para o corpo; nos leva de volta para a respiração. Nos leva de volta para a totalidade da nossa experiência.

A ressurreição do corpo é um símbolo da reintegração da mente dividida. É a mente na qual o subconsciente tornou-se consciente. É a mente em que a cura e a integração estão sempre acontecendo. É a mente em que o perdão sucede o julgamento, assim como a expiração sucede a inspiração.

## O RESPEITO PELA NOSSA EXPERIÊNCIA: A AURORA DE UMA VIDA DE ENTREGA

As pessoas estão sempre estabelecendo padrões externos para avaliar sua espiritualidade. Esses padrões são essencialmente falsos, pois a vida espiritual não pode ser avaliada com base em padrões externos. Até mesmo critérios psicológicos como a "paz interior" são mal-interpretados, pois a negação geralmente vem disfarçada de "ausência de conflitos".

Muitas vezes, as circunstâncias mais difíceis e desafiadoras promovem os maiores crescimentos espirituais. Há casos em que somente a deslealdade mais explícita consigo mesmo faz com que a pessoa tome consciência de que nunca mais quer sofrer nenhuma deslealdade.

No final, temos de parar de julgar as nossas experiências e de compará-las com as das outras pessoas. A nossa experiência, com todos os seus altos e baixos, é perfeita para nós. Ela proporciona as lições de que precisamos para transcender o medo e a culpa.

Viver uma vida de entrega é viver as nossas experiências aqui e agora. É aceitá-las sem julgá-las. Ou, se as julgarmos, perdoarmo-nos por isso. Se aceitamos as nossas experiências, isso significa que não vamos nos distanciar delas, do ponto de vista emocional. Significa que ficamos cada vez mais conscientes das ocasiões em que nos dissociamos e sabemos como nos trazer de volta gentilmente.

Esse "nos trazer de volta gentilmente" é a essência da meditação. Meditar não é, necessariamente, parar de pensar. Mas é a necessidade de tomar consciência dos pensamentos à medida que eles brotam, para ver como eles nos perturbam, tirando-nos do silêncio. Para ver como eles nos impedem de ficar inteiramente no presente. Meditar é ver como os pensamentos nos levam a nos dissociar e a nos distanciar de nós mesmos e do momento presente.

O pensamento não é uma coisa ruim. Se você considerá-lo uma coisa ruim, isso só servirá para provocar mais pensamentos acerca do ato de pensar. O pensamento é simplesmente o que acontece quando o eu essencial adormece.

Não faça do pensamento uma coisa ruim. Não faça do ato de dormir uma coisa ruim, pois senão você não conseguirá despertar. O despertar, para alguém que já está acordado, não é grande coisa. Trata-se de uma experiência totalmente comum.

O despertar é o que acontece quando você não cai mais no sono. Não existe nada de especial nisso. Não existe nada que você precise conquistar. Você está acordado neste momento e depois você se esquece e vai dormir.

A dor, o desconforto, o conflito despertam você do sono. Pare de resistir aos seus maiores professores. Agradeça-os por se fazerem presentes. Agradeça-os por terem trazido você de volta para o momento presente. Eles lhe concederam a dádiva mais profunda que existe.

No presente, você pode simplesmente ser. Você não precisa apoiar outra pessoa. Apoiar outra pessoa é só um jeito de não ficar no presente. Você não precisa nem sequer dar apoio a si mesmo. Isso também é um truque. *Seja* simplesmente. Sem nada que o amarre. Sem julgamentos. Sem regras. Simplesmente seja o que é.

Isso é bem-aventurança. Essa é a flor da aceitação.

*Seja* simplesmente. Cristo é simplesmente um ser, não um vir-a-ser.

## O ENSINAMENTO DO NOVO PARADIGMA

Os professores do novo paradigma espiritual não querem exercer autoridade sobre ninguém. Eles não fingem ter respostas para outras pessoas. Eles só falam acerca da própria experiência. Eles convidam as pessoas a compartilhar o que aprenderam por experiência própria e a tirar daí as suas conclusões. Eles não assumem a responsabilidade pelo que os outros optam por ver.

Eles não fazem pregações. Não tentam corrigir coisa alguma. Eles simplesmente aceitam as pessoas como elas são e as incentivam a descobrir a própria verdade.

Eles fortalecem as pessoas. Eles vêem a luz que existe dentro delas e estimulam essa luz. Eles não fecham os olhos das pessoas para a escuridão, mas sabem que, no final das contas, ela nada significa. Quando existe amor, a escuridão se dissipa na luz que ele irradia.

Eles não negam a escuridão nem travam uma batalha contra ela. Sabem que não há nada de errado, nenhum mal a combater, nenhuma batalha a travar. Eles simplesmente encorajam a luz. Eles sabem que a luz cura todas as feridas.

Os professores do novo paradigma não tentam curar ninguém. Eles incentivam as pessoas a curar a si mesmas por meio da auto-aceitação e do amor-próprio. Eles modelam o amor incondicional ouvindo as pessoas com cuidado e compaixão, sem julgá-las ou tentar corrigi-las.

O professor do antigo paradigma quer curar as pessoas e salvar o mundo. O professor do novo paradigma sabe que todos estão no caminho certo e que o mundo já foi redimido. Por que isso? O professor do novo paradigma fechou os olhos para tudo? Ele não vê o sofrimento do mundo, a catástrofe em que está o meio ambiente, a violência endêmica? Ele vê sim, ele vê a luta e a dor, mas dá a eles uma interpretação diferente. Ele não acredita que as pessoas sejam culpadas ou que o mundo esteja condenado. Ele vê o amplo pedido de amor. Ele vê o grito universal por aceitação e entendimento. E é isso o que ele oferece.

Nada de corrigir as pessoas. Nada de salvá-las. Nada de remédios intelectuais para problemas físicos.

Ele providencia alimento e remédios se necessário?

Claro! Mas ele se lembra daqueles para quem ele dá tudo isso. Ele se lembra do pedido e o atende.

Ele sabe que a comida ajuda, mas não é a solução para o problema. Não é o que as pessoas estão buscando.

O que elas buscam é amor. O amor é o único alimento. Amor é o que ele dá.

Assim que vê um problema que precisa de correção, você tira o poder da pessoa que está diante de você. Não faça isso. Não aceite a atitude de impotência. Não existem vítimas neste mundo.

Se vir um mendigo, não se deixe enganar. Em vez disso, pergunte a ele, "Por que você está aqui, na esquina, pedindo esmolas, campeão?" Deixe que ele saiba que você tem consciência de quem ele é de fato. Olhe dentro dos olhos dele e veja ali a divindade dele com a sua própria divindade, e só então pergunte como pode ajudá-lo.

Como você pode ver, a impotência é um grande disfarce. Olhe por trás do véu e diga, "Eu me lembro de você, irmão".

Não se limite a dar uma esmola ao mendigo e a seguir em frente sem reconhecê-lo. Se quiser dar dinheiro a ele, faça isso. Mas não passe sem reconhecê-lo, pois não é de dinheiro que ele precisa, mas de amor, de bênção, de reconhecimento.

Você não está aqui para consertar a vida dele, mas para respeitá-lo. Se você fizer isso por ele, eu farei o mesmo por você. Pois eu não estou aqui para corrigir você, mas para lembrá-lo de si mesmo. Você consegue ouvir?

Eu estou dizendo a você o mesmo que você disse a ele: "Eu me lembro de você, irmão. Eu me lembro de quem você é".

O professor do novo paradigma espiritual se contenta em ser um irmão ou irmã. Se contenta em ser um amigo. Ele encontrou o professor interior e deixou de lado todas as autoridades externas. Por isso ele não vem até você oferecendo ou pedindo ajuda. Ele vem até você como um parceiro, de igual para igual. Ele trata você como gostaria de ser tratado. E ele tratará as outras pessoas da mesma forma. Não existe hierarquia social nem preferências.

Ele não pede que você o siga. Não transmite conhecimento em troca de favores sexuais. Não julga você, não o deixa isolado nem desvaloriza a sua experiência. Ele se mantém sempre na posição de irmão ou irmã.

Quando está ao seu lado, é como se ele estivesse ao meu lado. Pois, na verdade, nós três estamos juntos nessa igualdade. E nessa igualdade está a redenção de todo esse mundo inconstante.

## IGUALDADE E SOLITUDE

Poucas pessoas ficam a sós com a própria experiência. A maioria tem medo disso. A ironia é que as pessoas que estão sozinhas não se sentem sozinhas. E aquelas que não estão, sentem-se solitárias.

Os solitários buscam companhia, no entanto, a companhia não é possível, pois eles não descobriram ainda quem são.

O eu é um território inculto. Deixe-o inexplorado e cidades serão construídas ali.

Explore-o corajosamente e a intimidade passa a ser possível.

A verdadeira igualdade requer individuação. Até que você conheça os contornos do seu próprio coração, não conseguirá conhecer os do outro. Se deixar a sua casa antes do tempo, você buscará um lar em vão. Você encontrará uma mãe em vez de uma esposa, um pai em vez de um marido.

Quando encontra a sua casa, você a leva com você para onde for. Primeiro encontre a sua casa e depois procure uma companhia.

Descubra quem você é, não com base na definição de outra pessoa, mas de acordo com a sua própria. Reflita sobre essa definição antes de aceitá-la. Esteja presente de corpo e alma. Explore as dunas que se avolumam na beira do mar. Sinta o sal no rosto e caminhe na praia quando a maré baixar. Veja todas as formas de vida, todas as possibilidades, o jogo do pensamento e da emoção, quando a maré volta a subir. Conheça a si mesmo.

Não se perca neste mundo antes de saber quem você é, do contrário, suas chances de despertar diminuirão muito. O mundo só ficará feliz se der a você um papel e uma responsabilidade. As outras pessoas só ficarão felizes se lhe atribuírem um papel no drama delas.

Vamos admitir, alguns papéis são sedutores. Eles prometem tanto! É difícil dizer não.

"Deixe para trás esse território deserto e solitário e venha viver comigo. Vou amá-lo e cuidar de você." São essas as palavras que as crianças sem lar anseiam por ouvir. A vida passa a ter rumo. O pai que faltava se materializa. Tudo vai ficar bem. Será?

É bem difícil! É desse modo que o eu é traído, isto sim! É assim que o terreno inculto é pavimentado, perde sua cobertura verdejante e vê seu céu ser invadido. Chame isso de domesticação, de tecnologia, de progresso. É qualquer coisa menos isso.

A pessoa sem lar é sempre cruel e desumana ao construir seu lar. Ela nunca tem compaixão pelo seu ambiente nem leva em conta o bem-estar das outras pessoas. Ela simplesmente extravasa a sua raiva e a sua dor.

Tente viver com alguém antes de aprender a viver consigo mesmo e você terá apenas um arremedo de relacionamento. Ele não dará certo.

Primeiro, encontre um lar dentro do seu coração.

Só aquele que conhece e aceita a si mesmo pode viver com outra pessoa em pé de igualdade. Do contrário, a pessoa dará o seu poder para a outra.

O fato de um relacionamento não dar certo nunca é culpa de ninguém. Todo relacionamento acaba por um único motivo: infidelidade com relação a si mesmo.

Se você não confiava em si mesmo ao entrar num relacionamento, como é possível que confie agora, que vive com outra pessoa? Veja, ela não tem culpa. Vocês dois simplesmente concordaram que a tarefa de respeitar a si mesmos estava muito difícil, solitária. Vocês optaram por dormir juntos.

Logo vocês descobriram que dormir juntos não é nada do que vocês esperavam que fosse. Vocês acordaram e se perguntaram, "Por que eu troquei uma ilusão por outra. A ilusão original era solitária, mas também era mais simples".

Você simplesmente mudou de direção, fez uma manobra de atraso. Saiu do sono solitário e passou a dormir ao lado de outra pessoa. Mas o desafio verdadeiro para você não era dormir, mas acordar. A menos que você assuma o compromisso de acordar, tudo o que os outros podem lhe oferecer são desvios, excursões infrutíferas, corridas sem sair do lugar. O tempo vai passando e nada muda. A dor não diminui. A velha insatisfação permanece.

Com o tempo, você percebe que tem de olhar para essa insatisfação. Ela parece estar relacionada com as circunstâncias da sua vida, mas teima em não desaparecer mesmo quando essas circunstâncias mudam.

Os lençóis foram trocados, mas a cama ainda está bamba. O problema não é aparente. Não é superficial. Ele está nos próprios alicerces. É ali que ele tem de ser tratado. São os alicerces que precisam ser escorados.

A sua insatisfação diz uma coisa e nada mais: "Você não está se respeitando". Se estivesse, haveria energia e compromisso em atingir uma meta em sua vida. Você não estaria entediado. Não estaria se sentindo solitário. Não estaria ansioso para trocar o seu sonho pelo de outra pessoa.

Você, meu irmã ou irmã, foi quem optou pelo desvio. Não culpe a pessoa que caminha ao seu lado. Não é culpa dela. E também não é culpa sua.

Foi simplesmente a sua escolha. Não se condene por isso. Faça uma escolha diferente. Escolha respeitar a si mesmo, viver de corpo inteiro.

Faça a corajosa escolha de viver sozinho. Ficar sozinho significa ficar totalmente consigo mesmo. Significa "se bastar". Significa que todos os aspectos do eu aprenderam a agir com coerência e a dançar em conjunto ao redor do centro.

Quando estiver residindo por completo na sua vida, você se sentirá atraído pela companhia de outras pessoas que estão fazendo o mesmo. Você não terá mais que desistir da sua própria vida para viver a de outra pessoa. Ambos podem viver a própria vida e sentir como é ficar junto. Esse é o início de uma dança diferente. Mas trata-se de uma dança que só pode começar se a pessoa for coerente e dançar de acordo com a sua própria verdade.

# A TRANSIÇÃO PARA A
## VISÃO COMPARTILHADA

Quando o eu passa a ser coerente e aprende a manifestar a sua própria visão da vida, começam a surgir outras pessoas que concordam com esse modo de ver as coisas. No entanto, embora elas tenham o mesmo senso de propósito, é inevitável que haja batalhas entre os egos. Uma pessoa vai esperar um determinado resultado e a outra vai esperar um resultado diferente. Todo relacionamento passa por essa luta entre os egos, que pode dar margem a possíveis conflitos e transgressões. Se, no entanto, a noção de eu estiver bem fundamentada, uma pessoa não se renderá às exigências e expectativas da outra. As duas expressarão as suas vontades e expectativas e estarão dispostas a aceitar uma solução que agrade a ambas.

A visão compartilhada é simplesmente esse aspecto da experiência que coaduna com as duas pessoas ao mesmo tempo. A parceria só pode prosperar com base nessa visão compartilhada e na disposição dos parceiros para deixar de lado as idéias fixas sobre como as coisas deveriam ser.

Quando os parceiros levam em conta a necessidade profunda um do outro, deixando de lado as idéias do ego acerca do modo como essa necessidade tem de ser satisfeita, eles mergulham no silêncio juntos, buscando o bem maior de todos os envolvidos. No silêncio, ambos ouvem alguma coisa. Às vezes eles ouvem a mesma coisa ou um deles ouve algo com que o outro concorda plenamente. Essa é a orientação compartilhada. Todas as decisões que dizem respeito à parceria são tomadas por meio do consenso intuitivo.

Muitas vezes, os parceiros não sabem o que os levou a seguir numa determinada direção, mas eles decidem confiar assim mesmo. Grandes avanços são feitos dessa maneira. Situações que parecem definitivas são transformadas. Obstáculos são removidos. Possibilidades que antes não eram levadas em conta apresentam-se novamente, no momento certo. Milagres acontecem.

A entrega do indivíduo, aprendida à medida que ele passa a confiar na sua orientação pessoal, amplia-se, possibilitando a entrega dos parceiros, que aprendem a confiar no seu consenso intuitivo. À medida que os casais desenvolvem habilidades e passam a confiar mais nesse processo de tomada de decisão, novos grupos e comunidades se formam com base na visão compartilhada e na orientação compartilhada. Fica então evidente o potencial que isso tem para proporcionar paz e harmonia interior e exterior.

Mas a pessoa ainda tem de dar o primeiro passo. Ela tem de valorizar a sua própria visão e cumprir o seu propósito criativo. Então ela pode dar o passo seguinte e aprender como ser plenamente ela mesma na relação com o outro, abrindo mão do que divide e separa e cultivando com o parceiro um propósito em comum.

Esse é o desafio que você tem à frente. Algo formidável e grandioso, que respeita e enobrece você em todos os sentidos.

## NÃO ABRA MÃO DO SEU PODER PESSOAL

As pessoas hoje têm a tendência de entrar num relacionamento e se "render", assim como um animal se rende quando pego por um predador. Existe um tipo de "falsa entrega", na qual a pessoa dá o seu poder para o outro. Isso só prepara o cenário para futuras transgressões.

Eu insisto para que você inicie os seus relacionamentos sem pressa e com consciência, para que não dê o seu poder ao outro. O desejo de agradar o parceiro, de ser estimado e aceito, de ser amado e idolatrado, faz com que você vá longe demais e acabe sendo desleal consigo mesmo. Você precisa perceber que os relacionamentos podem ser um tipo de ópio. Eles podem dar a você a oportunidade de fugir de si mesmo e de evitar os seus sentimentos.

Se você está infeliz com a sua vida, um relacionamento pode lhe propiciar um jeito de fugir dos seus problemas temporariamente, mas, mais cedo ou mais tarde, eles voltarão — agravados pelas exigências e expectativas do seu parceiro. Quando os interesses particulares do seu ego vierem à tona, vocês dois se sentirão desapontados ou até mesmo traídos. O pico emocional propiciado por um novo relacionamento promete mais do que pode oferecer. Se você está "caído de amores" por alguém, pode ter certeza de que essa paixão não durará muito.

A própria expressão "cair de amores" deveria ser uma indicação de que essa experiência não passará de uma deslealdade consigo mesmo. Em que outras áreas da vida você se deixaria "cair" sem achar isso esquisito? Toda a tradição do romantismo indica uma forma aceitável e quase institucionalizada de deslealdade consigo mesmo.

Assim como as crianças criam um falso eu para lidar com as exigências e expectativas excessivas com que se deparam logo no início da vida, os adultos também criam uma "falsa entrega" a um amante, para amenizar a dor causada pelo isolamento pessoal e social. Essa entrega é falsa porque ela não impede a erupção do lado sombrio. Assim que os medos desintegrados e inconscientes vêm à tona no relacionamento, o sentimento de "amor" rapidamente fenece. Se essa entrega fosse de fato verdadeira — uma união sagrada de duas pessoas dispostas a se dedicar ao próprio crescimento espiritual e ao do parceiro — o lado sombrio seria bem recebido na luz do comprometimento mútuo com a verdade, com a autenticidade e com a consciência.

Na entrega verdadeira, a pessoa não escolhe um parceiro só porque se sente bem ao lado dele. Ela o escolhe porque, além de se sentir bem ao lado dele, existe uma visão compartilhada e um comprometimento mútuo com o crescimento. Existe um contexto, um ambiente de cura, em que o eu tanto é nutrido quanto desafiado a evoluir. Essa é a parceria consciente, que tende a ser bem diferente da relação em que um "cai de amores" pelo outro, pois um parceiro não dá o seu poder pessoal para o outro. Trata-se muito mais do compromisso de ficar consigo mesmo e com a outra pessoa ao longo dos altos e baixos da vida.

A maioria dos relacionamentos se desintegra assim que começam a surgir as dificuldades. A promessa de "ser fiel na saúde e na doença" é, para grande parte das pessoas, um completo absurdo, pois muitas pessoas vão para o altar sem ter tido tempo suficiente para conhecer bem o outro. Por essa razão, o casamento formal não deveria ser incentivado antes que a relação entre o casal tivesse completado pelo menos três anos. Durante esse tempo, os parceiros podem descobrir se têm de fato um compromisso mútuo de apoiar um ao outro.

A maior parte dos relacionamentos não sobrevive a esse período de três anos, em que os parceiros se conhecem. Na verdade, muitos relacionamentos não se mantêm depois que a paixão acaba. Isso porque, para a maioria das pessoas, os relacionamentos são uma espécie de vício. Eles são uma espécie de ópio, que se inicia com o desejo do casal de "se sentir bem" e de evitar a dor, a fragmentação e o isolamento do eu.

Por mais que tente, nenhum casal consegue evitar o lado sombrio da experiência. Uma relação amorosa nunca é uma panacéia para curar feridas e traumas da psique. No melhor dos casos, ela funciona como uma incubadora. No pior, é uma sucessão de erupções, à medida que todas as nossas "faltas" subterrâneas são desencadeadas pela violência e abuso mútuos.

Embora seja difícil acreditar, segurança emocional é algo que a maioria dos relacionamentos não pode dar. Isso porque quase todos os relacionamentos são viciantes e temporários, e acabam na desconfiança e/ou no abandono mútuo. No entanto, quando "caímos de amores" por alguém, temos a esperança de que a outra pessoa nos ofereça não apenas segurança, mas eterna felicidade. Não existe ilusão maior do que essa! Existe um jeito melhor de se castigar do que passar a vida inteira travando relacionamentos destrutivos?

A pergunta, evidentemente, é como evitar "cair de amores" pelas pessoas e enganar a si mesmo? A resposta não é recusar-se a se apaixonar ou isolar-se de todos, mas se apaixonar com consciência ou simplesmente "viver" o amor.

Viver o amor é ser companheiro da outra pessoa nos altos e baixos da vida. Observar a atração que existe entre vocês. Observar os julgamentos que são feitos. Observar o desejo de agradar ou de ter alguém que cuide de você. Observar quando vocês se sentem aceitos incondicionalmente e quando acham que têm de impor condições para conceder a dádiva da aceitação e do amor.

Significa começar um relacionamento com os olhos abertos, observando tudo o que acontece. Significa não ter visão seletiva. Não ver só o que se quer ver ou aquilo em que se acredita.

Significa dizer à outra pessoa, desde o início, a verdade sobre o que você sente. Não se trata apenas de expressar admiração e aprovação um pelo outro, mas dividir também os medos e os julgamentos. Significa não esconder do outro a verdade.

Se conseguir manter os olhos abertos à medida que se deixa levar pela atração que sente pela outra pessoa, você escapará da síndrome da "falsa entrega". Se ficar acordado durante o processo, você conseguirá evitar a dor e a decepção de caminhar ao lado de uma pessoa durante um mês ou um ano e então descobrir que tudo não passou de um sonho.

Tudo isso leva a uma única pergunta: "Até que ponto você está disposto a ser sincero?"

Você está disposto a assumir os seus sentimentos e a dizer a verdade para si mesmo? Você está disposto a assumir os seus sentimentos e a dizer a verdade ao seu parceiro? Você quer viver a sua vida plenamente ou quer dar o seu poder ao outro? Se responder com honestidade, você saberá claramente qual a sua posição no relacionamento.

Se você tiver algo a esconder, o desejo de enganar estará presente na sua psique. Seja o engano do falso ego ou da falsa entrega, isso pouco importa. Existe uma parte de você que não está participando da ação. Onde isso vai dar? E quem é você sem essa parte que falta?

Todas as máscaras têm de ser abandonadas se quisermos ficar frente a frente com nós mesmos e com o outro. Até que isso aconteça, o relacionamento será apenas um carnaval, um ritual de dança público, cujo significado já se esqueceu.

Lembre-se, irmão ou irmã, eu vejo quem você é. Eu vejo o rosto por trás da máscara. Pare de se esconder de mim. Pare de dar o seu poder para o outro.

Pare de buscar o prazer e evitar a dor.

Fique do seu lado. Seja transparente. Seja vulnerável. Diga a verdade. É isso o que eu peço.

## RUMO AO FORTALECIMENTO DO EU

Eu peço a você que entenda, de uma vez por todas, que ninguém sabe mais do que você. Ninguém tem nada a lhe dar que você já não tenha.

Esqueça as suas escolas, os seus professores, os seus gurus. Esqueça os seus cultos de conhecimento secular e paroquial. Esqueça os seus dogmas, os seus princípios esotéricos e a sua metafísica. Nada disso libertará você do sofrimento e da dor. Só representará mais um fardo que você terá de carregar.

Seja realista com respeito à sua experiência aqui. Só existe uma pessoa que precisa despertar e essa pessoa é você. Aqueles que têm uma dádiva a lhe conceder não se negarão a concedê-la. Aqueles que negarem informação ou amor, não têm nada a lhe oferecer.

Cuidado com aqueles que submetem você a muitos testes ou esperam que seja obediente. Essas pessoas estão apenas enchendo os bolsos à sua custa. Não tolere a idéia de que a salvação está em algum outro lugar. Ela não está.

Ou você está de posse da chave ou não está. Se estiver, tem de começar a usá-la. Se não estiver, esqueça a espiritualidade. Se outra pessoa tem algo que você não tem, então a relação entre vocês tem tudo para não dar certo. Melhor seria esquecer a coisa toda e seguir em frente.

Na verdade, por que não seguir para qualquer lugar? Por que não fazer o que dá prazer? Você realmente acha que despertará fazendo algo sério? Eu garanto a você que isso está fora de questão.

Tudo o que você encara com seriedade será usado para o propósito errado até que você perceba o absurdo que é considerar algo sagrado ou separado da sua vida. A iluminação vem com uma grande gargalhada, não com um sorrisinho de quem sabe das coisas.

Seja irreverente com relação a qualquer um ou a qualquer coisa que prescreva algo para você ou tire a sua liberdade. Não viva de acordo com as regras de outra pessoa. Viva de acordo com as regras de Deus. Tenha o seu eu em alta conta. Ele é e tem de ser incontestável. Tenha os outros também em alta conta. Eles precisam ser sempre livres e respeitados.

Procure se afastar com honestidade e bom humor dos relacionamentos com pessoas e organizações que lhe ditam o que pensar ou fazer. Não compre a idéia de que existe algo lá fora que você vai conquistar se conseguir se comportar melhor, se for uma pessoa mais digna, mais espiritualizada, mais inteligente... você mesmo pode completar essa lista.

Não ajude a encher os bolsos daqueles que lhe fazem promessas vazias. Não importa o que eles prometam: mais segurança, mais dinheiro, mais paz de espírito, mais iluminação.

Meu amigo, você já está iluminado. Você já está absolutamente seguro. Você já tem paz de espírito e todos os recursos de que precisa para cumprir o seu propósito criativo. Só existe uma coisa que você ainda não tem. A consciência de que tudo isso é verdade.

E ninguém pode dar a você essa consciência. Nem eu nem nenhum vendedor de carros usados, nem nenhum *swami* mascateando o *samadhi*. Se alguém lhe disser que pode, é hora de dar uma sonora gargalhada. Coloque o braço no ombro dessa pessoa e diga-lhe que essa é a melhor piada que você já ouviu em cinqüenta anos.

Você me ouviu? Ninguém pode lhe dar essa consciência! A consciência não é uma dádiva, mas um gesto do eu, um movimento enérgico para ficar no presente e aceitar a vida. A consciência existe *a priori* em todos os seres.

Queira simplesmente ficar consciente e você ficará. A consciência vem e vai com a respiração. Se você quer ficar consciente, respire! Inspire para aceitar este momento. Expire para liberá-lo. Respire, respire, respire. Cada respiração é um ato de consciência.

Ora, se eu bater na sua porta e lhe disser que estou vendendo respirações por cinco milhões a unidade, você achará muito engraçado, não achará? Você me dirá, "Que legal, irmão, mas eu já tenho todas de que preciso".

É claro que você tem.

Mas você vive se esquecendo disso.

Você continua comprando apólices de seguro, caindo de amores pelo primeiro que passa na sua frente, procurando o médico que promete fazer você se sentir melhor ou o guru que promete o céu em troca de alguns trocados. Você sabe, todos eles têm nomes pomposos e difíceis, é até incrível que você consiga pronunciá-los!

Respire, meu amigo. Isso sim, respire fundo. Ninguém tem o que você precisa.

Você me ouviu? Ninguém!

Veja, vocês todos estão de fato sozinhos aqui. Mas isso não é tão problemático quanto você pensa. Porque não existe nenhuma parte sua que esteja faltando. Se simplesmente esperar por tempo suficiente, sem dar o seu poder aos outros, você recuperará todos os aspectos fragmentados e dissociados de si mesmo, pelo simples fato de que você nunca os perdeu. Eles foram simplesmente encobertos pela sua ânsia de encontrar a saída.

"Basta esperar e você conseguirá." Grande conselho de alguém considerado santo, certo? "Aposto que seria melhor mandar esse sujeito para um treinamento para executivos ou para um seminário sobre negócios na nova era, caso contrário ele não conseguirá ganhar a vida."

Eu tenho novidades para vocês, amigos. Eu não preciso ganhar a vida. Eu SOU a vida. Assim como você.

Simplesmente espere e você conseguirá. Porque você nunca perdeu nada. Você só fingiu que perdeu.

Num momento você estava totalmente presente e no seguinte o seu corpo estava lá, mas a sua mente estava de férias nas Bahamas. Agora, depois de trinta anos ou algo em torno disso, você pode trazer sua mente de volta, reivindicar o seu corpo e ficar presente neste momento.

Dá para acreditar que se passaram trinta anos desde que você respirou pela última vez? Pode parecer estranho, mas estou dizendo que essa é uma experiência comum. Você não precisa ficar constrangido.

Da próxima vez que alguém lhe perguntar quantos anos você tem, diga simplesmente a verdade. "As pessoas dizem que tenho 45, mas eu só respirei quatro vezes até hoje!"

Estou só brincando com você. Será? Quantas vezes você respirou com total consciência, estando absolutamente presente?

Não se preocupe com o passado. Simplesmente comece agora. Respire e reivindique a sua vida. Respire e deixe de lado todas as muletas mentais e emocionais que você carrega. Respire e jogue fora todas as palavras ditas por todas as autoridades. Respire e relaxe. Respire e fique mais forte. Respire e exista. Você é autêntico. Você está inteiro. Você é filho ou filha do grande Espírito que nos anima a todos.

## A JANELA DO BUDA

O Buda começou no mesmo ponto em que você está. E eu também. A natureza do sofrimento não muda. Você não nasceu com uma deficiência natural, nem com poucas habilidades. É preciso deixar todas as desculpas de lado. Não existe diferença entre você e o Buda, nem entre o Buda e eu.

Você é puro ser. O Buda é puro ser. Você luta contra a identificação com a forma. Buda também lutou. Assim como eu lutei.

Todos nós passamos por testes. Todos nós construímos sobre areia movediça e ficamos atolados no esterco da existência condicionada. Mas não somos nós que somos condicionados.

Todas as condições são feitas por nós. Tão logo paramos de impor condições para aceitar a vida, a existência relativa deixa de existir.

Somos o lótus flutuando na superfície pantanosa de um lago. Somos a consciência, a profunda descoberta que nasce da escuridão das condições. Somos a flor imaculada, que brota da lama.

Se você busca a beleza sem tristezas, você não a encontrará. Se você busca a celebração sem a pungência da dor, você buscará em vão. Tudo o que é transcendente vem do inferior, a luz vem da sombra, a flor vem da lama.

Desista do seu pensamento linear, da sua rigidez, das expectativas do seu cérebro esquerdo com relação ao sentido da espiritualidade. A vida não é unidimensional. Se você está à procura do absoluto, tem de encontrá-lo no condicional. Na verdade, se o absoluto for realmente absoluto, então não existe um lugar onde ele não possa ser encontrado.

Não escolha um lado da discussão. Aprenda a levar os dois lados em conta e a buscar o meio-termo. Ambos os extremos se refletem. Aqueles que estão em conflito estão aprendendo a mesma lição.

Só existe um caminho para a liberdade. O Buda chamou-o de caminho do meio, o caminho entre todos os extremos.

Você não chegará lá optando por um lado da questão. Você não chegará lá escolhendo o bem e rejeitando o mal, ou a luz em vez da escuridão. O seu caminho passa pela encruzilhada entre o bem e o mal, onde a luz é obscurecida e lançam-se as sombras.

Não existem mapas que o levem a esse lugar. Se você perguntar para uma pessoa, ela dirá, "vá para a direita". Se perguntar para outra, ela dirá "vá para a esquerda". Se perguntar para o pessimista onde você pode encontrar a verdade, ele dirá, "ela estava aqui ontem. Você a perdeu". Se perguntar para o otimista, ele dirá, "ela estará aqui amanhã".

Quem deu a resposta correta? Existe realmente uma resposta correta? Ou será que a expectativa de encontrar a resposta correta não é, ela própria, uma ilusão?

Quando você consegue observar uma discussão sem tomar partido, quando consegue ficar no meio do campo de batalha sem atacar ninguém, isso é sinal de que você chegou ao lugar onde o lótus floresce. Poucos notarão você, mas isso não importa. Você chegou em casa. Você rasgou o véu. Você não é mais um obstáculo bloqueando a luz, mas uma janela por onde ela pode passar.

Já imaginou ser uma janela pela qual a luz pode passar? Que não deixa o frio entrar e se abre para o ar fresco? Você pode se imaginar sendo tão flexível e útil ao mesmo tempo?

Não mais aprisionado num papel, você fica satisfeito de ser útil. Sem buscar mais nada, você está feliz de poder apontar o caminho. Quando alguém pergunta, "que caminho leva ao divino?", você responde, "qualquer um".

Você sabe agora que o resultado não importa. Basta estar presente na jornada, a cada momento. Entre o agora e o depois, entre este e aquele caminho, está o Buda.

"Que homem mais vago e sonhador", você diz. É, é verdade, a existência do Buda transpõe os séculos. No entanto, não existe lugar onde ele não esteja, nem nenhum coração que não tenha tocado.

Se você deixar, ele tocará o seu coração também. Se você deixar, ele abrirá a janela da sua mente que separa todos os seres sencientes.

# 6

# Comunhão
# e Comunidade

## UMA IGREJA SEM PAREDES

A comunidade para a qual eu chamo você é uma igreja sem paredes, um lugar onde as pessoas de todos os credos se reúnem para amar, amparar e respeitar umas às outras. A minha igreja não tem nenhuma relação com o que você chama de Cristianismo nem com nenhum dogma que separe as pessoas. Ela não tem relação com nenhuma hierarquia religiosa ou estrutura organizacional elaborada.

Todos são bem-vindos na minha igreja. Pobres e ricos, doentes e sãos. Aqueles que chamam o meu nome e aqueles que chamam o nome de qualquer um dos meus irmãos ou irmãs. Eu não sou contra nenhum homem ou mulher; sou a favor de todos eles, pois todos são filhos de Deus. Eu defendo o caráter sagrado de todos os seres que, em sua inocência, abençoam a criação com sua presença. Eu celebro a vida em todas as suas formas e na sua amorfabilidade quintessencial.

Eu imploro para que você seja liberal e tolerante. Quando entrar na minha igreja, você não precisa tirar o casaco ou o chapéu, mas peço que deixe os seus preconceitos do lado de fora. Não existe lugar para eles na minha igreja. Venha até o meu altar não para expor os seus julgamentos, mas para confessá-los e colocá-los nas mãos de Deus, diante dos seus irmãos e irmãs. Você não precisa usar um chapéu ou uma roupa especial para entrar no meu santuário, mas tem de estar consciente da igualdade que existe entre você e todos os seres.

A minha igreja é um lugar de paz e de reconciliação. É um lugar onde os medos são reconhecidos e as faltas são perdoadas. A minha igreja dá as boas-vindas a todos que admitem os seus erros. Ela não repudia ninguém que busque a segurança dos seus braços amorosos.

Muitas congregações querem fazê-lo acreditar que me pertencem, no entanto, elas não se livram dos seus medos e institucionalizam seus julgamentos. Os estranhos e os párias não são bem-vindos em seus santuários. Elas construíram prisões e as chamam de igrejas. Eu preferia ser cultuado por assassinos e ladrões em vez de pessoas que fingem fazer a minha vontade julgando e excluindo outras.

Eu não tolero nem nunca tolerei a hipocrisia. Aqueles que se autodenominam guias espirituais deveriam dar bom exemplo às outras pessoas. Eles não têm de ser perfeitos, mas têm de ter a coragem de admitir os seus erros. Eles têm de ser honestos com relação à sua humanidade. Eles têm de descer do seu pedestal e aprender a investir de poder outras pessoas.

Ninguém precisa ter expectativas excessivas e arrogantes com relação a si mesmo ou a conselheiros espirituais. Pedir que outra pessoa não erre é uma exigência absurda e pouco gentil. Em vez disso, a pessoa precisa pedir que seus professores e guias sejam honestos e francos, sejam humanos. Admitam os seus erros. Tenham compaixão pelos erros dos outros. Criem um clima de entendimento, de segurança e de amor.

É isso que a minha igreja oferece. Um lugar seguro. Um espaço cheio de amor. Um lugar onde todos podem entrar em contato com a própria essência espiritual.

## A SUPERAÇÃO DA INTOLERÂNCIA

Durante milhares de anos, as pessoas presumem que vão à igreja ou ao templo para encontrar outras que tenham as mesmas crenças que elas. Se isso é verdade, então as igrejas e os templos estão legitimando a intolerância e o preconceito. Qualquer um pode encontrar alguém que concorde com as suas crenças. Qualquer um pode criar uma religião para pessoas afins e excluir aquelas que questionam as suas crenças. Isso nada tem a ver com espiritualidade. Tem mais a ver com a insegurança do indivíduo e com a tendência que ele tem de se render à tirania da mente grupal.

Os cultos fomentam esse tipo de insegurança. Eles criam um ambiente sedutor que parece amoroso e serve para moldar a estrutura egóica do indivíduo até que ele fique completamente confuso, passe a duvidar de si mesmo e se veja em desespero. Em nome da entrega espiritual, os iniciados têm de se submeter à estrutura autoritária do culto. Desse modo, a lavagem cerebral faz as vezes da iluminação.

Os sistemas de crença fechados, hierárquicos, prometem Shangri-lá e entregam Alcatraz. Oferecem liberdade do sofrimento e entregam abuso físico e controle mental. Aqueles que são atraídos para situações como essa têm de aprender lições sobre o abuso do poder. Você nada pode fazer por aqueles que freqüentam essas salas de aula, mas pode oferecer-lhes uma mão amiga quando estiverem prontos para deixá-las.

Os grupos fundamentalistas oferecem uma experiência um pouco menos dramática de abuso, mas ainda usam táticas de mente grupal baseadas no medo, para controlar seus membros. Nem mesmo as igrejas e os templos tradicionais toleram a diversidade. Em resultado, eles perdem membros que vivem a espiritualidade de modo autêntico.

Só respeitando as experiências espirituais únicas de seus membros, enfatizando ao mesmo tempo o que eles têm em comum, as igrejas e templos podem atender às necessidades espirituais de seus membros. Dogmas e hierarquias religiosas não transmitem mais às pessoas um sentimento de segurança. O que estabiliza os laços afetivos da comunidade são as interações pessoais e rituais simples dos quais as pessoas podem participar dançando ou cantando e que as ajudem a abrir o coração umas para as outras. O respeito mútuo e a tolerância com relação às diferenças são absolutamente essenciais para que se crie um espaço seguro e cheio de amor.

Para que as pessoas sintam-se em comunhão espiritual, não é preciso que tenham as mesmas crenças. A comunhão acontece apesar da mente, não por causa dela. Ela acontece por meio da expansão do amor e do não-julgamento. Ela acontece em qualquer lugar, em qualquer grupo de pessoas, caso elas estejam compromissadas com o amor inclusivo e incondicional.

Agora é hora de as igrejas e templos se redefinirem. Eles não podem mais ser lugares em que as mentes se apeguem a crenças lineares, numa concordância cheia de medo. Eles têm de ser locais em que as pessoas possam conhecer a si mesmas e as diferenças sejam bem-vindas. O amor, não a concordância, tem de se tornar o fator de união da comunidade.

## O AMOR E A ESPADA DA VERDADE

O amor sempre desafia você a ser flexível com relação às suas crenças e a abrir o coração para as outras pessoas. Ele sempre força os limites do que você estava acostumado a fazer (processo passado) e do que você acha aceitável (concordância com a mente grupal). Esse é o tipo de amor com que você não se relaciona muito facilmente. O seu conceito de amor está ligado à necessidade que o seu ego tem de concordância. Trata-se de uma versão fraca, atenuada, da mais grandiosa força de despertar do universo.

Eu ofereço a você a espada que eu lhe disse que traria. Use-a para remover os tecidos gordurosos que envolvem o seu coração e deixam a sua respiração desnecessariamente difícil. Use-a para eliminar da sua noção de amor a co-dependência e a consciência de vítima. A sua versão de amor é fraca, exclusiva, hipócrita. Não se trata absolutamente de amor.

O amor tem, na sua essência, um grande potencial de purificação e despertar. Ele oferece uma experiência kundalini que acaba com os padrões de condicionamento do passado. Ele parece suave e delicado, mas é mais forte que aço, mais poderoso que um terremoto.

O amor não só constrói, mas destrói também. Ele destrói o passado. Ele dissolve o que não é mais necessário, para que o novo possa surgir. O amor não é só o envolver da água, que nutre e ampara, mas o fogo do espírito que purifica.

João Batista batizou com água e disse a vocês que eu batizaria com fogo. Quando você ouviu as minhas palavras pela primeira vez, elas eram como a chama carmesim da aurora que desponta na linha do horizonte. Mas, quando elas mergulharem completamente no seu coração, queimarão como o sol do deserto ou como a chama alaranjada da pira crematória.

Eu não ofereço uma versão atenuada do amor ou da espiritualidade. O meu amor por você não era brando dois mil anos atrás e certamente não será assim agora.

Aos seus olhos, ele é brando, porque você teme a sua própria raiva. Para você a raiva é negativa. Você não entende o potencial que ela tem para o despertar. Você não percebe que a raiva diante da injustiça é uma das mais nobres formas de amor.

Quando parar de projetar a sua raiva e o seu medo sobre o mundo, você conseguirá defender a verdade sem ferir ninguém. Você não será contra os indivíduos, mas contra a inverdade. Mesmo que se oponha à falsidade, você sentirá compaixão por aqueles que se apegam a falsas crenças. Você não os criticará. No entanto, você se oporá às suas idéias equivocadas com uma firmeza e lucidez que chegam às raízes e expõem o medo e a insegurança em que toda ilusão se baseia.

Quando o amor é amplo, ele abarca todas as coisas como se fossem ele mesmo. Ele é como a água: feminino, receptivo, sem discriminação. Quando o amor é profundo, ele destrói todos os obstáculos que encontra no caminho. Ele é como o fogo: masculino, perspicaz, aferrado apenas à verdade.

Muitos de vocês conhecem o Jesus feminino e suave. Mas quantos conhecem o Jesus masculino e forte? Aquele que traz a espada do discernimento, a espada da verdade.

Ambos são necessários.

Se você quer me conhecer, tem de unir os lados masculino e feminino dentro de você. Sem o lado masculino, a espiritualidade é feminina e suave. Não existe potencial para o despertar.

## UMA IGREJA VIVA

A igreja para a qual eu o chamo tem de abarcar tanto o lado feminino quanto o masculino. Ela tem de receber a todos com os braços abertos, sem impor condições, mas devotando-se à verdade sem fazer concessões.

Numa igreja viva como essa, cada pessoa é livre para determinar o seu próprio caminho espiritual. Ela confere liberdade total nessa busca, e em troca garante essa liberdade às outras pessoas. Ela concorda em não tentar converter nem consertar ninguém. Ela pede que aceitem e apóiem incondicionalmente a sua jornada e oferece em troca essa mesma atitude.

Qualquer pessoa que violar esse acordo é solicitada a debater os seus motivos e comportamento em público e a ouvir a opinião dos outros. O objetivo não é provocar embaraço ou constrangimento, mas ouvir o indivíduo, ajudá-lo e, por fim, concluir se ele aceita as diretrizes espirituais que regem a comunidade.

Todas as violações à confiança são tratadas com amor e compaixão. A meta é sempre o entendimento e a inclusão. Mas não se pode, de maneira nenhuma, atenuar as diretrizes da comunidade ou abrir mão delas. As verdades espirituais nunca podem ser adaptadas ou revisadas para se ajustar às fraquezas das pessoas ou para tolerar os seus erros.

Os erros precisam ser reconhecidos e perdoados. Para corrigir um erro é preciso compreender o que está errado. Esse entendimento acontece espontaneamente, quando as pessoas estão dispostas a analisar o seu comportamento e a ver como ele afetou as outras pessoas e a elas mesmas. A correção e o perdão andam de mãos dadas. Sem perdão, a correção é impossível. E, sem a correção, o perdão é incompleto.

A igreja ou o templo vivos têm de ser claros com relação ao seu processo e ser fiéis a ele. Pelo fato de haver amor, disposição para perdoar e apoio nesse processo, muitas pessoas serão atraídas. A flexibilidade, a tolerância e a receptividade da igreja ou do templo e de seus membros serão continuamente testadas. Em tudo isso é preciso haver firmeza interior e gentileza exterior. Todas as pessoas têm de ser tratadas com justiça e respeito.

Na igreja ou no templo vivo, o poder está sempre nas mãos da congregação. O papel do ministro é orientar pelo exemplo e habilitar as outras pessoas a trilhar o caminho espiritual que escolher. Quanto mais bem-sucedido for o ministro nessa tarefa, mais participativa se torna a organização. Assim, não importa se o ministro deixar o cargo, pois os programas da igreja ou do templo permanecerão coerentes e cheios de energia.

Ao conferir poder às outras pessoas com maestria, o ministro torna-se ele próprio dispensável. Sua tarefa é, pura e simplesmente, ajudar a transformar o velho paradigma das congregações. Na posição de facilitador eficaz, ele convida os outros a assumir responsabilidade, a compartilhar os seus dons e a co-criar a organização ao lado dele. Quando toda a congregação já está capacitada, o trabalho do ministro nesse lugar está completo e ele é transferido para um novo ambiente, onde enfrentará novos desafios.

A congregação investida de poder não precisa de um ministro, embora possa optar por ter um. Um comitê constituído de membros veteranos e de novatos pode orientar a igreja por meio de um consenso intuitivo, que ajude toda a congregação a tomar decisões com relação às questões importantes. Os integrantes do comitê devem passar por um rodízio para que não se apeguem à função de tomar decisões pelo grupo.

Esses comitês precisam ter o cuidado de lembrar o exemplo deixado pelo ministro fundador, com relação ao partilhar entre os membros e à sua capacitação. Eles precisam ajudar a congregação a continuar manifestando a visão original de que sua igreja deve ser "um local seguro, cheio de amor e não-julgamento, em que as pessoas possam se sentir confiantes a ponto de compartilhar os seus dons". Se ela deixar de transmitir esse sentimento de segurança ou se os membros não continuarem a participar ativamente da igreja, a energia do novo paradigma, que caracteriza a sinergia criativa, voltará a ser uma energia de polarização, separação e luta pelo controle, típica do velho paradigma.

Eu não digo isso para transformar as pessoas em construtores de igrejas, pois, francamente, a única igreja de que você precisa é aquela que existe no seu coração. Mas, se você freqüenta uma igreja ou templo exterior ou quiser freqüentar um, convém que entenda as dinâmicas que podem ajudá-lo a criar um espaço seguro e de muito amor.

Todas as instituições sociais podem ser transformadas com as diretrizes que eu apresentei. Igrejas, escolas, empresas, asilos, prisões, órgãos públicos podem, todos eles, assumir um propósito espiritual por meio da implementação dessas idéias simples.

Pode-se dizer três coisas acerca do meu ensinamento. Primeiro, ele é simples. Segundo, ele se aplica a todas as situações, circunstâncias e ambientes. Terceiro, se você o colocar em prática, terá paz no seu coração e harmonia nos seus relacionamentos.

Você acha que essas qualidades são suficientes para que todos os sigam, mas olhe ao redor. Você vê uma fila se formando na minha porta?

Por outro lado, não param de surgir novos cultos em todo lugar. O fundamentalismo prospera. As pessoas continuam a buscar swamis e gurus.

Não me entenda mal. Eu não sou contra os swamis, contra os gurus, contra os fundamentalistas ou contra os membros de cultos. Só estou chamando a atenção para o fato de que o meu ensinamento — que sem dúvida nenhuma funciona — não é muito popular.

De alguma forma, as pessoas entendem intuitivamente que, se tomarem esse caminho, a vida delas nunca mais será a mesma. Elas não têm certeza de que querem realmente uma revolução na vida delas.

Eu entendo. Muitas pessoas gostam de fingir que se entregam, sem, no entanto, largar o seu vício pelo controle. Elas querem amar aqueles que são como elas, enquanto continuam julgando os que são diferentes. Desse modo, elas parecem ser espiritualizadas, sem correr o risco de ser vulneráveis. Elas falam de amor, mas mantêm uma dura carapaça em volta delas, que mantém o amor à distância.

Elas têm uma cópia do amor, mas não o amor de verdade. O amor de verdade provoca uma rachadura nessa carapaça.

## COERÊNCIA

A coerência é fruto da fidelidade ao eu e nasce da capacidade de aceitar a própria experiência e integrá-la, seja ela igual à experiência das outras pessoas ou diferente dela.

Uma pessoa demonstra coerência quando as suas atitudes condizem com o que ela fala. Numa pessoa coerente pode-se confiar. Não que ela não cometa erros. Ela certamente comete, e não tem medo de admiti-los para si mesma ou para os outros. A pessoa coerente não se tortura quando descobre que está errada. Ela encontra um jeito de corrigir o erro e, se não encontrar, perdoa a si mesma e procura não cometê-lo outra vez.

A pessoa coerente está sempre aprendendo com as suas experiências. Ela está sempre procurando ser mais honesta e leal consigo mesma. Quanto mais honesta e leal ela é consigo mesma, mais honesta e leal ela é com os outros. A coerência interior e a confiabilidade exterior andam de mãos dadas.

Quanto mais conhece a si mesma, mais cristalina ela pode ser com os outros. Ela não faz promessas nem assume compromissos que não pode cumprir. Ela diz "Não" quando quer dizer "Não", diz "Sim" quando quer dizer "Sim" e diz "Não sei" quando não está bem certa. O potencial para más interpretações e para o abuso é controlado pela disposição que ela tem de dizer a verdade com relação a si mesma.

Eu incentivo a coerência, pois ele é um atributo básico para o processo de despertar. Todo comportamento amoroso com relação aos outros emana da coerência interior, que requer que a pessoa ame a si mesma, respeite-se e aceite ver a própria verdade.

Assim, o ambiente de amor, segurança e ausência de crítica que reina na comunidade espiritual permite que se ajude o indivíduo a olhar para si mesmo. Todos os relacionamentos com as outras pessoas, inclusive os mais problemáticos, sofrem uma reviravolta quando a pessoa aprende a dizer a verdade e a respeitar a si mesma.

A minha igreja é uma comunidade terapêutica sem terapeutas. Cada pessoa toma conta da sua própria cura e todos os outros simplesmente testemunham essa cura. Eles não a analisam, nem tentam corrigir a pessoa ou levá-la à iluminação. Eles simplesmente aceitam o processo pelo qual ela está passando e concordam em testemunhá-lo. Confiando que seu processo a levará exatamente onde ela precisa chegar, seus companheiros reforçam a confiança que eles têm no próprio processo.

A minha tarefa é sempre deixar o caminho livre e confiar que o espírito cura. Quando tentamos fazer o papel de agente de cura, de ministro, de professor, de técnico, simplesmente aumentamos a confusão, o medo e a culpa que todos sentem. Por isso, eu não ofereço técnicas para corrigir as pessoas ou para lhes garantir a salvação. Eu proporciono um ambiente seguro e ofereço às pessoas a oportunidade de dizer, a si mesma e aos outros, a verdade com respeito à própria experiência. Eu ofereço a você o desafio de criar comigo esse ambiente seguro e de ser uma bondosa testemunha da experiência das outras pessoas. Isso é tudo.

Nesta vida é suficiente que faça isso.

Você não tem de ter todas as respostas para crescer, para superar os seus medos, para viver a vida mais plenamente. À medida que você conta a sua história e testemunha a história das outras pessoas, o processo alquímico da transformação se inicia no seu coração. E isso fica a cargo da própria jornada, não de você ou de mim.

Eu não posso lhe dizer aonde essa jornada o levará. Na verdade, não é importante que você saiba. Mas eu posso lhe dizer para confiar no processo, pois ele o levará de volta para casa, de volta para si mesmo, de volta para a mais profunda intimidade, de volta à sua ligação eterna com o divino.

O processo é extremamente belo. É misterioso. Está além de qualquer previsão, expectativa ou entendimento. Cultive essa certeza e todos os fardos serão retirados dos seus ombros. Cultive essa certeza e tudo o que existe de real e verdadeiro dentro de você ganhará asas.

## COMPANHEIRISMO

A meta da comunidade não é oferecer instrução de cunho espiritual, mas companheirismo. A comunidade realmente espiritual só acontece na medida em que ela fomenta um coração e uma mente abertos.

Você não pode fomentar uma mente aberta se ensinar algum dogma. O ato de dar respostas às pessoas revela um desejo de manipular e de controlar. Em vez disso, ajude-as a formular perguntas e a começar a sua própria busca por respostas. Fortaleça-as para que possam empreender uma jornada pessoal de autoconhecimento. E deixe que elas saibam que a comunidade é um lugar onde podem trocar idéias sem ser criticadas ou sem ter de ouvir preleções. Respeite a capacidade de cada membro de encontrar o seu próprio caminho e isso de fato acontecerá.

Você não pode fomentar um coração aberto se excluir alguém da sua comunidade ou se der tratamento preferencial a qualquer um dos membros. As pessoas só abrem o coração quando se sentem tratadas como iguais. Nada serve para fechar o coração das pessoas com mais rapidez do que a competição por amor ou por atenção. A maioria das pessoas tem feridas emocionais profundas e fica rapidamente na defensiva quando percebe algum tipo de injustiça, mesmo que não seja intencional.

É por isso que o foco principal da comunidade tem de ser a manutenção de limites bem claros e de um processo de grupo saudável. Todas as pessoas têm de ter a chance de ser ouvidas. Todos os membros têm de ser incentivados a não guardar os seus sentimentos só para si ou escondê-los dos outros.

Quando se cria um ambiente seguro onde as pessoas podem expressar os seus sentimentos sem correr o risco de ser atacadas, os mal-entendidos, os julgamentos e as projeções podem ser eliminadas. As pessoas podem se voltar para o coração e para o corpo. A respiração volta a se regularizar. A confiança é restabelecida.

É absurdo pressupor que esse tipo de reconciliação física, emocional e mental possa acontecer sem um ambiente de amor que o promova. Deixar que um grupo se reúna sem lhe dar diretrizes e instrumentos que o ajude a segui-las é como deixar uma criança de dois anos sozinha em casa. Ela pode ficar bem durante os primeiros quinze minutos, mas depois disso encontrará um produto químico embaixo da pia e a gaveta onde estão guardadas as facas. Você não quer nem mesmo imaginar o resultado disso.

No entanto, você sabe qual será. Já o viu acontecer várias e várias vezes. Depois que o ego se manifesta para atacar e se defender, não demora muito até que o campo de batalha esteja coalhado de corpos. E então, evidentemente, você vê aqueles que caminham por aí feridos, que foram golpeados e ainda não sabem disso. Você pressupõe que eles estejam normais, até que você faz algo que desencadeia toda a ira reprimida que eles guardam dentro de si.

Não, você não quer deixar um grupo de pessoas feridas abandonadas à própria sorte, defendendo-se com as próprias armas. Você quer ensiná-las a ter limites, a criar e manter uma atmosfera de segurança, amor e não-julgamento. Você quer ensiná-las a comunicar os sentimentos sem culpar as outras pessoas nem responsabilizá-las pelo que sentem.

Muitas pessoas que procuram comunidades espirituais estão desesperadas para encontrar amor e aceitação. Elas aceitam as diretrizes da comunidade sem entendê-las direito. Quando, um dia, elas se sentem tocadas em seu ponto fraco, podem explodir em fúria, atacando todos que vêem pela frente. O que você faz num caso desse?

Bem, você não pode simplesmente ler as diretrizes para elas e pedir que as sigam! Elas não vão deixar que você as corrija ou faça sermões para elas. A única coisa que você pode fazer é colocar em prática as diretrizes. Assuma a responsabilidade pelos seus pensamentos e sentimentos. Não os projete. Ouça sem interromper. Não deixe que passem por cima de você ou que o ignorem, mas peça que ouçam o que você tem a dizer assim como você se dispôs a ouvir. Não ataque. Não se defenda. Só peça um tempo para poder se expressar. Quando você não insiste em provar que a outra pessoa está errada, mas insiste na igualdade, a raiva se dissipa e a comunidade testemunha uma demonstração clara das diretrizes em ação.

Alguns membros da comunidade precisam conhecer e praticar as diretrizes com desenvoltura. A capacidade deles de modelar a prática do processo faz com que toda a comunidade aprenda o processo, o que faz com que as situações mais difíceis sejam resolvidas de um modo que todos se sintam respeitados.

Tanto o coração quanto a mente têm a tendência de se fechar. Se você não sabe disso, é ingênuo. Se você se juntar a uma comunidade esperando que todos sejam abertos o tempo todo, terá um rude despertar. Você verá todas essas pessoas "amorosas e espiritualizadas" deixando de ser amorosas e espiritualizadas e demonstrando de modos inequívocos o quanto estão feridas. E você se surpreenderá: "Por que eu vim parar aqui? Isso é tão ruim quanto as experiências que tive com a minha própria família; talvez até pior!"

Bem, eu vou lhe dizer por quê. Você conheceu a realidade com relação à condição humana. Com relação à experiência do seu ego e do ego das outras pessoas. Você precisa entender que todo mundo tem um lado sombrio. Todo mundo tem um material não-integrado e traumatizado.

É hora de você abandonar a sua fantasia com respeito ao que seja uma comunidade. Não se trata de um mar de rosas. É mais parecido com uma fornalha, alimentada pelo carvão que todo mundo joga no quintal do outro. Não é nem divertido nem agradável. E, a menos que se aprenda bem cedo a lidar com isso, a comunidade não é nem útil nem transformadora.

Por causa disso, muitas pessoas preferem fugir da espiritualidade interativa, centrada no coração. Elas continuam a sua jornada sozinhas, meditando seis horas por dia e empreendendo a trilha mais longa da solidão. Mas, para muitas dessas pessoas, isso é só uma tentativa de fugir do fogo. Contornar o fogo é muito mais demorado do que atravessá-lo.

Mas não tente atravessar o fogo sem estar preparado. Não entre numa comunidade sem entender até que ponto o ego ainda domina a vida das pessoas. Aprenda a conviver com o ego quando ele vier à tona. Aprenda a aceitá-lo, a reconhecê-lo e a deixar que ele se vá. Desenvolva a habilidade de lidar com ele. Coloque as diretrizes em prática. Assim você poderá caminhar sobre carvão em brasas.

## CORAÇÃO ABERTO, MENTE ABERTA

Quando a mente está fechada, o coração também se fecha, e vice-versa. Não importa quem se fechou primeiro, não demorará até que o outro se feche também.

Não espere que a mente fique sempre aberta. Ela não vai ficar. A mente aberta é livre de julgamentos. Quanto tempo faz que um julgamento não brota na sua mente? Seja sincero. Duas horas, dois minutos ou dois segundos?

Não tente parar de fazer julgamentos. Esse é um exercício inútil. Em vez disso, tome consciência dos julgamentos que brotam na sua mente, olhe para eles e deixe-os ir. Se fizer isso, você descobrirá que surgirão mais espaços entre eles, a sua mente ficará mais tranqüila, serena e aberta.

Se você vive com outras pessoas num ambiente seguro e cheio de amor, aproveite a presença do grupo para reconhecer os seus julgamentos. Quando confessa os seus julgamentos, você consegue se livrar deles com mais facilidade do que quando faz isso em solidão. Você também ajuda a estabelecer um clima de comunidade em que o ego é reconhecido por todas as pessoas como um fenômeno natural. Ele vem e vai embora. Às vezes com raiva. Às vezes com tristeza.

Você ajuda a estabelecer uma atmosfera em que ninguém tortura a si mesmo porque está tendo um ataque egóico. Assim o ego é percebido com mais facilidade e tirado do comando com mais leveza. O senso de humor entra em cena. O ego não é mais dominado pelo ego, mas por outra coisa. Algo bondoso e tolerante. Algo misericordioso, cheio de aceitação e disposição para perdoar.

Não importa como você o chame. Alguns o chamam de Espírito. Alguns o chamam de Eu Superior. Outros o chamam de Presença do Amor. Os nomes não importam.

Como quer que você o chame, ele é um aspecto seu que não é ansioso nem está ferido. Trata-se da sua consciência do todo composto de todas as partes.

Confessando os seus julgamentos, você restabelece a sua ligação com o todo. A mente e o coração voltam a se abrir. Deixando que o seu irmão e a sua irmã sejam suas testemunhas, você reconhece a igualdade entre vocês. Você admite que também é uma pessoa que julga e que não é diferente deles.

Por meio da prática da confissão voluntária nasce a comunidade entre iguais. Ninguém é mais espiritualizado do que ninguém. Todos fazem julgamentos. Todos gostariam de deixar de fazê-los e de voltar a ter paz.

Ninguém atira pedras nem critica uma pessoa porque ela fez um julgamento. Ninguém lê as diretrizes para ela. No reconhecimento do seu erro ou da sua transgressão, está a consciência de que ela deve simplesmente seguir em frente e não se julgar diferente do seu irmão.

Com o reconhecimento dos erros, não há pretensão à espiritualidade. Não existe desejo de perfeição, nem vergonha da própria imperfeição. Existe só a aceitação do ego quando ele vem à tona e depois é deixado de lado. Existe paciência e compaixão. Isso só aprofunda a sensação de segurança que a comunidade transmite às pessoas.

Quando se estabelece um clima em que o ego é aceito e perdoado, a vida fica mais fácil para todos. O espírito passa a acolher o ego em seus braços amorosos e diminui a tendência que ele tem de dividir a mente. À medida que as novas violações e transgressões ficam menos freqüentes e graves, as feridas da psique têm tempo para se curar.

É disso que se trata a minha igreja. Uma comunidade de cura. Uma comunidade de bênção e perdão incondicionais. Um lugar seguro onde o ego vem à tona sem julgamento ou condenação. Um espaço sagrado onde cada contração, cada movimento de medo, é reconhecido e liberado com delicadeza. Um santuário onde o coração e a mente só se fecham para se abrir ainda mais para a presença do amor.

## A ARROGÂNCIA ESPIRITUAL

O pensamento de que você está mais à frente, no caminho espiritual, do que as outras pessoas não passa de arrogância. Mesmo que isso fosse verdade, de nada valeria você saber disso ou fazer essa declaração. O que vale é ter compaixão por si mesmo e pelos outros. O que vale é saber que toda pessoa passa pela lição perfeita de que ela precisa e que, se ela aprender, não haverá como saber o quanto isso a fará avançar no seu caminho espiritual.

Não pense que você tem capacidade para avaliar com precisão o progresso espiritual de qualquer pessoa, incluindo você mesmo. Você não tem. Você não sabe. Aquele que parece estar bem atrás pode avançar como um raio. E aquele que parece estar à frente pode ter grande dificuldade para avançar. Toda a idéia de estar à frente ou atrás é uma bobagem, pois você não sabe onde é a linha de largada ou a linha de chegada.

As outras pessoas não começaram a jornada necessariamente de onde você começou. E também não vão chegar necessariamente aonde você chegará. Alguns têm uma jornada curta e cheia de desafios que os levem a se render ao coração. Outros têm uma jornada longa pontilhada de muitas lições tranqüilas.

Você pode olhar para as outras pessoas e achar que as entende, mas você só está enganando a si mesmo. Você não sabe nada sobre a vida de ninguém. Nem é da sua conta saber.

Você já tem na sua vida o suficiente para mantê-lo ocupado. Compreender quais são as suas lições e começar a aprendê-las já é trabalho para uma vida inteira.

Se você é professor de assuntos ligados à espiritualidade, pergunte a si mesmo se não aceitou esse papel para não ter de aprender as lições que se propôs a aprender. Sendo uma autoridade e aconselhando as outras pessoas, você nunca tem de prestar atenção em si mesmo.

Pode estar certo, você não vai conseguir se esconder para sempre. No devido tempo, a sua própria roupa suja terá de ser lavada. É inevitável. Todo mundo vem para este planeta e acha que pode desaparecer num passe de mágica. Algumas pessoas são realmente boas nisso. Elas desaparecem por cinqüenta ou sessenta anos. Quando voltam, têm certeza de que ninguém as reconhecerá. Mas, tão logo dão uma saidinha para ir ao supermercado, percebem que o jogo acabou.

Ninguém pode se esconder para sempre. Porque este é um lugar onde todo mundo é encontrado. Todo mundo sempre acaba ouvindo o chamado do despertar. Essa é a natureza da jornada pelo mundo físico. Você poderia muito bem se acostumar com isso.

Mesmo aqueles de vocês que estão no fim da fila acabarão tendo a sua vez. O homem que faz a chamada não vai morrer antes que chegue a sua vez de ser chamado. E, mesmo que isso aconteça, outra pessoa vai substituí-lo. Não há como você se esconder aqui. Você não vai conseguir ficar invisível para sempre.

Isso pode lhe parecer estranho. Afinal de contas, a maioria das pessoas do planeta Terra ou está usando disfarces inteligentes ou fingindo que não está em casa quando a campainha toca. Isso mostra que a negação predomina.

Mas não importa. Essas pessoas não estão dirigindo o espetáculo. Aquele que está por trás da máscara está tomando todas as decisões. Aquele que está por trás da máscara chama o estranho para tocar a campainha e entregar o chamado do despertar.

Nós achamos que a autoridade está lá fora e tudo está apenas acontecendo conosco. De jeito nenhum! A autoridade está dentro de nós e somos nós que fazemos as coisas acontecerem, de modo que possamos despertar.

Todo o planeta está numa missão de despertar. É por isso que tantas pessoas parecem estar dormindo. Como elas poderiam despertar se não estivessem dormindo ou se, pelo menos, não fingissem dormir?

Esse não é o melhor planeta para habitar se você pretende se esconder. Não é o lugar certo se você quer continuar dormindo. Se o seu objetivo é a inconsciência, você está num lugar perigoso!

Todas as pessoas que estão vivendo agora como sonâmbulas um dia perceberão que saíram da cama e de casa e agora estão andando no meio da rua. Elas farão simplesmente isto: darão encontrões umas nas outras.

É disso que se trata a jornada interativa: transgressão, colisão, abuso, chame como quiser. Parece intencional, mas na verdade não é. Ninguém sabe conscientemente que se chocará com outra pessoa. A coisa simplesmente acontece. E então, se a pessoa for inteligente, ela acorda e diz, "Oh, desculpe, não vi você". E a sua irmã diz, "Sem problemas. Não vi você também".

O que mais ela vai dizer? Se leva a coisa para o lado pessoal e diz, "Você me viu sim, seu panaca!", o que isso vai provar? Não prova que ela foi atacada. Prova que ela se sentiu atacada.

E é justamente isso que existe lá fora: um bando de gente que se sente atacada. Esse não é um quadro preciso do que está acontecendo, mas é o popularmente aceito. É por isso que todo mundo interpreta comportamento. Todo mundo atribui intenção. Todo mundo acha que conhece os motivos da outra pessoa. Mas é claro que não conhece. Ninguém tem nem idéia da razão por que levou um encontrão.

Você já ouviu falar de casamento arranjado? Bem, esse é um encontrão arranjado. Duas pessoas por trás da máscara resolvem levar um lembrete uma à outra, de modo que pudessem despertar ao mesmo tempo. Quando combinaram o encontro, nenhuma delas fazia idéia de que iam se sentir atacadas quando ele acontecesse.

Isso porque, ao combinar o encontro, elas estavam a par da intenção uma da outra: respeitar, ajudar, em vez de ferir ou prejudicar. Como elas confiavam na intenção uma da outra, não se preocuparam com o que aconteceria de fato. Elas sabiam que, de um modo ou de outro, tudo ficaria bem.

Se estivesse consciente da intenção que todo mundo tem de despertar e de ajudar você a despertar, você não levaria nenhuma transgressão para o lado pessoal. Você diria simplesmente, "Sinto muito, irmão. Eu não vi você. Obrigado pelo chamado do despertar. Estou mais alerta agora".

Não é o encontrão que machuca, mas a interpretação que se dá a ele. A condenação do encontrão. A condenação do eu por ter sido atingido. Assim que chamamos esse encontrão de abuso, perdemos de vista o papel que desempenhamos nele. Nós projetamos a responsabilidade no outro. Achamos que estávamos simplesmente sentados lá, cuidando da nossa vida, quando uma pessoa desagradável veio e nos atacou.

Não foi isso o que aconteceu. Essa é uma grande ilusão, uma grande mentira que tentamos pregar nos outros. Tentamos nos fazer de vítimas e ficamos nos perguntando por que todo mundo continua dando encontrões em nós.

Não existe nenhum encontro sem honestidade e sem responsabilidade pessoal. Não existe nenhum encontro sem perdão por si mesmo e sem compaixão pelos outros.

Se queremos nos encontrar, se queremos despertar juntos, temos de parar de interpretar o que acontece e deixar isso para lá. O encontrão pode nos surpreender. Podemos dizer a outra pessoa que ficamos surpresos. Mas não vamos achar que entendemos por que ele aconteceu. Em vez disso, vamos perguntar. Vamos averiguar.

Vamos nos comunicar de maneira honesta e despretensiosa. "Quando demos um encontrão um no outro, doeu em mim. E em você, irmão?" Dizer a verdade assumindo a responsabilidade pelos seus próprios sentimentos não é empreender um ataque ou presumir a transgressão ou a culpa do outro. É simplesmente o relato de uma experiência. Essa atitude é um convite ao diálogo, não à separação.

Depois que você põe a culpa na outra pessoa, o ataque é inevitável. Você não pode atacar uma pessoa inocente. Para atacar você precisa acreditar que esse ataque é justificado, que a pessoa o merece. Nesse ponto, você se dissocia dos seus sentimentos, divide a sua mente em duas e se prepara para iniciar uma inevitável discussão. Tudo por causa da arrogância espiritual, tudo porque você acha que conhece os motivos da outra pessoa.

Desista disso, meu amigo. Você não sabe o que vai no coração do seu irmão. Você nunca soube. O melhor que você pode fazer é perguntar a ele abertamente. Isso é o máximo que você pode fazer para descobrir o que ele pensa e sente.

Se você nunca questionar a sua irmã acerca da experiência dela, como irá conhecê-la um dia? Tudo o que você conhece são as suas próprias projeções, os seus próprios julgamentos e interpretações. Isso diz um bocado sobre você mesmo e muito pouco sobre ela.

E, se você não pode presumir a inocência dela, como conseguirá um dia presumir a sua? Se você acha que a conhece, o quanto tem de conhecer melhor a si mesmo?

Veja, não há como fugir. Todo julgamento que você faz do outro volta para assombrar você.

O melhor é deixar esses julgamentos de lado. O melhor é perceber que você não sabe nada sobre as intenções ou os motivos do outro. O melhor é entender que você muitas vezes está completamente inconsciente das suas próprias intenções.

A arrogância espiritual só contribui para perpetuar a sua ignorância. A pessoa arrogante não cresce. Ela não é transparente para si mesma e para os outros. Ela esconde. Ela ataca dissimuladamente e, quando confrontada, parece estar dormindo. Ela brinca de gato e rato consigo mesma e com o universo.

Eu lhe darei um jogo melhor. Ele chama: "Eu darei um encontrão em você se você der um em mim". Sem culpa, sem vergonha. Você não tem nem mesmo de marcar os pontos. Só continue dando encontrões até despertar e olhar nos olhos do outro sem condenação ou julgamento.

# 7

# *Aberto para os Milagres*

### O MILAGRE DO EU

O maior milagre que um dia você verá não acontece fora de você. Ele acontece aí dentro. Esse milagre é a sua própria existência. O fato de você existir é um testemunho do amor de Deus.

Quando você está em contato com o amor de Deus por você, tudo o que acontece na sua vida é milagroso. Tudo o que você vê são oportunidades extraordinárias para amar, aprender, criar e viver a vida plenamente.

Quando você não está em contato com o amor de Deus por você, tudo o que acontece na sua vida parece não ser bom o suficiente. Você vive encontrando faltas em si mesmo, nos outros e na sua experiência.

O seu relacionamento consigo mesmo e com o seu criador determina a qualidade da sua vida. Quando você se sente merecedor do amor de Deus, você fala com Ele, confia Nele e é imensamente grato pela sua vida. Quando acha que você não passa de uma criação aleatória e sem propósito, você não tem com quem conversar. Você vive isolado e no desamparo. Você não sabe por que está aqui.

O propósito da vida vem da ligação com o divino. Ela vem da afirmação, "Eu sou importante. Estou aqui para fazer alguma coisa. Deus tem um plano para mim".

A consciência do milagre depende da nossa capacidade de sentir ou de intuir a presença de Deus na nossa vida. E a capacidade de intuir a presença de Deus depende da nossa disposição para confiar em nós mesmos, para confiar nos outros e para confiar no modo como transcorre a nossa vida.

## APRENDER A CONFIAR

Para aprender a confiar, você tem de tentar ser neutro com relação ao que acontece na sua vida. Você não tem de olhar as coisas sob uma luz positiva. Só pare de olhá-las sob uma luz negativa. Pare de impor as suas expectativas sobre os acontecimentos e circunstâncias da sua vida. Deixe que a vida transcorra normalmente e veja o que acontece.

Deus não pede que você se converta. Ele não pede que você esqueça o intelecto e acredite na fé. Ele faz um pedido muito mais simples. Só pare de julgar, pare de encontrar faltas, pare de impor as suas expectativas, a sua vontade, as suas interpretações, as suas fantasias acerca da realidade e veja o que acontece.

Ele lhe diz uma coisa muito simples: "Você acha que sabe o que está acontecendo, mas não está feliz. O seu conhecimento, os seus julgamentos, as suas interpretações não estão lhe trazendo paz ou satisfação. Então deixe-os de lado por alguns momentos. Dê à vida uma chance. Viva-a sem as limitações que você mesmo lhe impôs".

Quando faz isso, você tem resultados incríveis. As coisas ficam mais tranqüilas. Os problemas se resolvem. Os relacionamentos seguem o seu curso natural. A sua vida começa a dar certo. Tudo porque você desistiu da idéia do que "sabe" qual é o sentido da vida.

Veja, se vai deixar que Deus se encarregue da sua vida, você tem de desistir da idéia de que "sabe" alguma coisa. Você começa a cultivar cada vez mais a atitude de quem sabe que a sua tarefa é simplesmente aparecer, estar presente, deixar as coisas acontecerem. Você sabe que não é você quem faz a sua vida acontecer. Então pare de tentar. Pare de tentar resolver as

coisas. Você simplesmente aparece e faz o que pedem que você faça no momento.

Você não pode conhecer os planos de Deus enquanto insistir com o seu próprio plano. Deus não pode assumir o comando enquanto você achar que é o chefe.

O primeiro bloqueio ao relacionamento com Deus é o seu conhecimento e a sua arrogância. Abra mão disso e você abrirá espaço na sua vida para o plano de Deus. Desistir dos seus próprios planos é a mesma coisa que abrir o coração para os planos dele.

Quais são os planos de Deus? É a cura, a reconciliação, a auto-expressão prazerosa e a comunhão íntima. A intenção de Deus é fazer milagres em todo lugar. Onde quer que o seu ego enxergue um problema ou um limite, a Vontade de Deus vai operar um milagre.

A tendência do ego é manter as coisas como estão, não importa o quanto elas estejam ruins. Deus diz, "Solte o passado e abra espaço para o que faz você crescer". Você tem medo de fazer isso porque não existem garantias de que o novo será melhor. Você preferia manter o velho e, ao mesmo tempo, convidar o novo a entrar na sua vida. Essa é uma situação sem saída. O novo não pode chegar enquanto você não deixa o velho ir embora. Quando você está preso ao passado, não consegue avançar rumo ao futuro. E a sua experiência do presente é um beco sem saída.

Soltar as amarras que o prendem ao passado nunca é fácil. No entanto, é a única atitude que traz a presença de Deus para a sua vida. Quando você abre mão do que estava acostumado e aceita o que existe, o universo instantaneamente apóia você. Quanto mais profunda é a sua entrega, mais recursos afluem para a sua vida.

É da natureza do ego apegar-se ao passado. É da natureza do ego projetar o passado no futuro, encarar o novo com redes conceituais que o subjuguem e o façam se conformar à sua experiência do ontem. Não existe nada de novo nisso. Trata-se simplesmente do movimento do medo, que resiste a qualquer coisa nova.

É importante perceber de que modo o medo opera na sua vida. É importante perceber como você se apega à sua experiência passada e resiste a qualquer coisa nova que queira entrar na sua vida.

Quando se agarra à sua experiência ou se baseia nela para interpretar a experiência atual, você "assume o controle" da sua vida e afasta Deus. Quando abre mão das suas idéias sobre o jeito como as coisas deveriam ser, você deixa o passado para trás e se abre para o futuro; você convida Deus para voltar a participar da sua vida.

O seu ego não faz isso sem luta. O trabalho dele é manter você a salvo. E, se ele teme pela sua segurança, fará tudo para afastar até mesmo Deus. Você precisa fazer um trato com o seu ego. Precisa fazer um experimento. Precisa dizer a ele, "Eu sei que você está assustado, mas eu gostaria de abrir mão do controle uma só vez e ver o que acontece".

Quando o ego vê que o convite para deixar Deus entrar na sua vida não fará com que ele corra nenhum risco, quando percebe que você pode assumir riscos e ficar em segurança, ele parará de brigar tanto com você. Toda vez que você se entregar e confiar e tiver uma experiência positiva, o ego notará.

Infelizmente, ele ainda argumentará com você, insistindo para que você aja como agiu da última vez. Ele ainda será a favor do passado, do conhecido, porque se sente pouco à vontade diante da mudança. A tarefa dele é manter a estabilidade e a mudança parece pôr em risco essa estabilidade.

Mas o que é a estabilidade senão a projeção do velho sobre o novo? Se algo é estável, não é um milagre. Os acontecimentos milagrosos não têm continuidade ou coerência com o que aconteceu antes. Eles representam uma mudança de energia. Um movimento para longe das percepções passadas, das limitações passadas. Eles são imprevisíveis, inesperados e, em muitos casos, inescrutáveis.

Podemos chamá-los de milagres porque vemos neles a mão de Deus. Mas, sem a nossa permissão, eles não poderiam acontecer. Se não abríssemos mão do passado, Deus não poderia operar milagres na nossa vida. Nós preparamos o terreno para eles. Criamos o espaço em que o miraculoso acontece.

## OS MILAGRES E O NÃO-MILAGROSO

Existe muita confusão com respeito ao que seja um milagre. Algumas pessoas são curadas de doenças graves, são salvas inesperadamente de situações perigosas ou são agraciadas com um imprevisto golpe de sorte. Todas essas situações são, de fato, milagrosas. Mas o que dizer de uma pessoa que morre de uma doença incurável, que fica paralítica em decorrência de um acidente grave ou é vítima de um crime hediondo? Deveríamos ver esses acontecimentos aparentemente negativos como uma completa ausência de milagre ou como uma total falta de sincronia com as leis divinas? E, se assim for, poderíamos dizer que as pessoas que passaram por essas experiências negativas não eram espiritualistas ou apegadas a Deus?

Nada poderia estar mais longe da verdade. Todos os acontecimentos têm uma certa coesão numa ordem mais elevada e o sentido desses acontecimentos revela-se àqueles que abrem o coração e a mente para a sua experiência. Nenhum acontecimento, não importa o quanto ele seja infeliz, é destituído de propósito.

O aleijado não é menos sacrossanto do que o homem cujos membros dilacerados foram misteriosamente curados. Não caia no erro de pensar que você pode exigir milagres. Não seja tolo a ponto de acreditar que, se não conseguir o milagre que quer, isso é sinal de que não é merecedor.

O pensamento linear é sempre perigoso, mas, quando aplicado às questões da espiritualidade, ele se torna quase fatal. Você não é ruim só porque não conseguiu o milagre que pediu. Você não é bom só porque conseguiu. Esse tipo de raciocínio é indicação de que você só está olhando a vida na sua superfície. E, se quer entender a natureza miraculosa da vida, você tem de olhar sob a superfície.

Todos os acontecimentos são miraculosos, pois eles têm um propósito superior. Eles pertencem ao plano divino. Muitas vezes, não vemos que propósito é esse e nos sentimos traídos por Deus. Achamos que estamos sendo castigados. Mas essa é só uma limitação da nossa parte, uma indisposição para aceitar, para confiar, para olhar mais fundo o significado que agora nos escapa.

O verdadeiro milagre não está no acontecimento exterior, na boa ou na má sorte aparente. O verdadeiro milagre está no propósito espiritual por trás do acontecimento. O propósito pode ser fortalecer a nossa fé ou desafiá-la. Pode ser fortalecer o nosso corpo de modo que possamos servir melhor ou enfraquecê-lo de modo que possamos vencer os seus limites.

Não somos capazes de definir o significado de qualquer coisa que seja. Tudo o que podemos fazer é perguntar: Qual o propósito disso? Qual o significado disso?

Os milagres nos ajudam a superar os limites da nossa própria mente. Eles desafiam a nossa visão de mundo. Eles nos incitam a abrir mão da nossa interpretação da vida de modo que possamos ver as possibilidades que estão por trás dela.

É estranho, talvez, mas há casos em que uma aparente tragédia revela ser uma bênção inesperada. Você já ouviu alguém dizendo, "Agradeço por ter tido câncer. Sem ele, eu nunca teria transformado a minha vida". Ou, "Agradeço a Deus pela lição que aprendi com a morte do meu filho. Isso me ajudou a despertar para o meu propósito na vida".

Às vezes, o que parece tirar algo de você é na verdade um grande presente, pois nos leva a progredir. Arranca-nos da nossa concha e nos mostra o propósito da nossa vida.

Se realmente queremos nos abrir para os milagres, temos de parar de dizer a Deus o que é um milagre. Temos de parar de dar instruções a Deus sobre como cuidar de nós.

Temos de perceber que Deus está a par das coisas. Não sabemos como ele faz isso, mas não importa. Quanto mais profundamente olharmos, mais sinais receberemos de que a obra Dele é sabedoria e compaixão em ação.

## OS MILAGRES E AS LEIS FÍSICAS

Uma vez que o verdadeiro Milagre é a nossa união com Deus por meio do entendimento da Sua Vontade, a cura externa não é necessária. Ela pode acontecer ou não. Podemos ser curados da nossa doença ou não. O verdadeiro milagre vem da nossa entrega à vida como ela é. Quando ficamos em paz com a nossa vida e a aceitamos de coração aberto, o milagre do amor de Deus começa a se manifestar no nosso coração.

Algumas pessoas acham que o milagre só acontece quando a lei física é transcendida. O mar se divide em dois, abrindo uma passagem para que as pessoas o atravessem, as grades da prisão se dissolvem no ar, o cadáver se levanta dos mortos.

Eu detesto ter de desapontar você, mas essas coisas não acontecem. Tudo o que acontece no plano físico acontece de acordo com as leis físicas. Essa é a natureza da experiência terrena.

Isso não significa que as leis espirituais não estejam em ação. Elas certamente estão, embora atuem por meio das leis físicas e paralelamente a elas. Não existe contradição.

A lei espiritual não tem nenhuma relação com o modo como as coisas funcionam, mas com a interpretação que você dá a sua experiência. É o significado que você decide atribuir a um acontecimento da sua vida. E essa decisão determina a sua experiência psicológica com relação a esse acontecimento.

Por exemplo, eu fui crucificado. Se eu tivesse poderes físicos sobre-humanos, teria evitado a crucificação. Mas o meu entendimento espiritual não fez de mim um super-homem. Ele simplesmente me permitiu ver a verdade do que estava acontecendo comigo. Por isso eu não encarei a crucificação como um ataque. Eu não condenei os meus irmãos, pois vi que as suas atitudes foram motivadas pelo medo. E eu senti compaixão por eles.

Sim, eu fui crucificado. Mas eu não fechei o meu coração. Eu não joguei a culpa em ninguém. Eu me rendi à vontade de Deus naquele momento, como fizera em todos os momentos da minha vida.

Se acha que a sua fé impedirá a crucificação, você provavelmente está tão certo quanto errado. Talvez a sua fé ajude os seus executores a abrir o coração e a pensar de outro modo. Mas talvez não. Talvez a sua fé simplesmente permita que você cumpra o seu destino sem condenar as outras pessoas.

Veja, você não sabe o que Deus quer de você até que ele mostre. E, quando souber, você pode resistir ou se render.

Isso acontece dessa forma em todos os momentos da sua vida. Em qualquer situação. Você não sabe o que ela significa. Você só precisa encará-la com disposição para abrir mão, permitir, se entregar.

Aquelas leis físicas que parecem se anular em certas experiências milagrosas são simplesmente leis malcompreendidas. Se você entender plenamente as leis, verá que o acontecimento estava de pleno acordo com elas.

É claro que existe muita coisa que você não compreende com relação às leis que regem a realidade física. Quando a sua compreensão da realidade física aumentar, você começará a ver como as leis físicas interagem com as leis espirituais para criar a experiência de que você precisa em cada momento.

A visualização é um instrumento poderoso. Qualquer exercício que altere a percepção pode ajudar na cura, mas essa cura ocorrerá de acordo com as leis físicas. Eu desaconselho totalmente o pensamento mágico, ou a tentativa de alterar a realidade física por meio da concentração da mente. Não que essas coisas sejam impossíveis; acontece que elas são improváveis e representam um aspecto da sua experiência que você não precisa abordar. Ficar no meio dos trilhos, com o trem se aproximando, enquanto visualiza o trem desaparecendo, não é algo que eu recomende.

Não é tentando manipular a realidade física com a mente que se demonstra disposição para receber um milagre. Essa é uma atividade do ego. A tentativa de produzir milagres quando necessário é uma palhaçada, não algo que um homem ou mulher espiritualizados se preste a fazer.

Você demonstra disposição para receber milagres rendendo-se à sua experiência e ligando-se com a vontade divina a todo momento. A sua tarefa não é alterar a realidade física, mas ficar totalmente presente nessa realidade. À medida que se empenha nesse sentido, o seu medo, os seus vícios, o seu apego ao passado se materializam diante de você. A sua tarefa é lidar com esse medo, com esses vícios e com esse apego de modo amoroso e compassivo. A sua tarefa é criar um espaço seguro para perceber os seus sentimentos e para enfrentar o seu medo e a sua dor. A sua tarefa é deixar de lado todas as interpretações, conceitos e julgamentos e empreender a experiência com receptividade e sem defesas. A sua tarefa é ir ao encontro da criança ferida com amor e incentivo. Convidá-la para dar um passo à frente. Dizer a ela que não há nada errado em ter medo, que nada vai machucá-la, pois você está ao lado dela. É assim que a cura acontece e o milagre do eu se realiza.

## TUDO PODE SER ELEVADO

Qualquer experiência que você tenha pode ser elevada com o poder do amor e da aceitação incondicionais. Qualquer experiência, não importa o quanto ela pareça dolorosa!

Deus não trabalha sozinho. Ele precisa de cooperação. Você também não pode trabalhar sozinho. Quando tenta viver como se fosse auto-suficiente, você tropeça e cai. Só quando você pensa e age além das necessidades imediatas do ego, a sua vida de fato é regida pela lei da graça.

Respeitar-se e cuidar de si mesmo são responsabilidades suas. Nada que enobreça você pode prejudicar outra pessoa. Mas agir de modo egoísta, colocando o próprio bem acima do bem dos outros, é um convite para o conflito e para o ressentimento. Os costumes deste mundo são impiedosos nesse sentido. Aquele que tira vantagem dos outros pode ser temido, mas não é amado. Quando a sorte muda, o que é inevitável, essa pessoa começa a destruir a si mesma, e as outras pessoas de bom grado ajudarão a puxá-la para baixo.

O mundo lá fora sempre reflete de volta para você os frutos dos seus pensamentos e ações. É por isso que dizemos: "Aqui se planta, aqui se colhe".

Quando toma uma atitude sem levar os outros em consideração, você mostra que não tem respeito por si mesmo. Toda vez que você ataca, isso é sinal de que tem algo a defender. Você está sempre olhando por sobre o ombro para ver quem pode atacá-lo pelas costas. Esse não é um modo de vida digno ou satisfatório. Os seus pensamentos ou atos cheios de medo suscitam nas outras pessoas pensamentos e atos da mesma natureza.

Essas interações baseadas no medo institucionalizaram-se no sistema judiciário do tipo "olho por olho", que só serve para perpetuar o ciclo de abuso. Ao transformar o algoz em vítima, você espera desencorajá-lo a brutalizar as outras pessoas no futuro. Você não compreende que toda essa fúria é fruto da convicção que essa pessoa tem de que é uma vítima e, ao puni-la, é justamente essa convicção que você fortalece.

Se você quer mudar um criminoso, precisa parar de puni-lo e começar a amá-lo. Nada mais vai funcionar.

O amor não é uma recompensa pelas transgressões que ele fez. Trata-se da redenção da sua alma. Ele faz com que o criminoso volte-se para si mesmo. Ele desvia sua atenção do ciclo reativo que fez com que ele desumanizasse a si mesmo e os outros. Em face do amor e do cuidado verdadeiros, até o criminoso mais cruel se enternece.

Não é possível deter o ódio buscando a vingança. Todo ato de violência provoca uma reação. Agora você já sabe disso.

Seria muito fácil se bastasse usar a força para conter a violência. Essa seria uma visão religiosa e mundana que você não teria dificuldade para entender. Mas, se fosse esse o caso, não haveria esperança do despertar espiritual neste planeta. Portanto, não pode ser esse o caso. A justiça do tipo "olho por olho" não foi criada com base no plano de cura para o planeta Terra. A única coisa que pode nos libertar da violência é aquilo que está livre de violência.

Só uma solução espiritual funciona. As soluções humanas para os problemas humanos invariavelmente fracassam. Você não pode resolver um problema no mesmo nível em que você o percebe. Você tem de passar para um nível superior, ver o quadro todo, ver a causa do problema e atacá-lo.

É por isso que você precisa de Deus na sua vida. É por isso que você precisa da prática espiritual. É por isso que você precisa de algo que tire você do ciclo de ataque e defesa em que vive.

Não existe paz sem Deus.

Você não vai encontrar paz neste mundo. Você só a encontra no seu coração, quando ele está aberto.

O coração aberto convida o bem-amado a entrar. Ele convida o estranho a entrar, mesmo que se trate de um criminoso. O coração aberto é um santuário onde todos são bem-vindos. Trata-se de um templo onde as leis do espírito são praticadas e celebradas. Trata-se da igreja em que você tem de voltar a entrar várias e várias vezes para encontrar a redenção.

Pergunte a si mesmo "Eu estou pensando ou agindo só em meu próprio benefício ou tenho o bem das outras pessoas no meu coração?" Se você tem esse bem no seu coração, você as elevará e será elevado por elas. Caso contrário, você se retrairá de medo, fechará o coração e tentará se proteger.

Trata-se de uma escolha muito simples. A crucificação acontece quando o seu coração se fecha para o seu irmão. A ressurreição acontece quando você abre o coração para ele, quando pára de culpá-lo pelos seus problemas, quando pára de castigá-lo pelos erros que ele tenha cometido, quando você aprende a amá-lo assim como ama a si mesmo. Apenas essa vontade abre a porta da prisão do medo. Apenas essa!

O amor é o único milagre. Todos os outros "milagres" são como o glacê do bolo. Olhe sob a superfície de cada milagre e você verá uma mudança do medo para o amor, da autoproteção para a auto-expansão, do julgamento para a aceitação.

O amor diz, "Eu aceito você assim como é. Eu levarei o seu bem em conta assim como levo o meu". Você tem idéia do poder que tem essa afirmação? Sempre que se dirige às outras pessoas assim, você oferece libertação do sofrimento. E, oferecendo isso aos outros, você oferece a si mesmo.

Se não buscar a igualdade, você nunca aprenderá a oferecer amor sem condições. Se não praticar a igualdade, você nunca aprenderá a receber amor incondicional.

O que você busca, você encontra. Você recebe na mesma medida em que dá. Essa lei não mudou.

## UM LOBO EM PELE DE CORDEIRO

Para algumas pessoas, levar em conta o bem-estar dos outros é um grande desafio. Para outras, é muito fácil. Na verdade, para estas é mais fácil satisfazer as necessidades dos outros do que as próprias. Nesse caso, ajudar os outros pode ser uma deslealdade consigo mesmo.

Quando a pessoa abre o coração, ela inclui os outros no seu senso de bem-estar. Ela não troca o bem-estar dos outros pelo seu. Ela não tenta agradar aos outros em detrimento de si próprio. Ela não dá o seu poder para o outro nem encontra em outra pessoa a sua própria identidade.

Ela expande o seu território e passa a cuidar também da sua família, dos amigos, e, por fim, dos inimigos. Ela expande o seu senso de eu continuamente, à medida que aprende a abrir o coração e deixa sua experiência mais suave.

Nesse sentido, o amor dela se expande. Isso começa quando ela aceita a si própria e a sua experiência. Começa com sua fidelidade a si mesma. E depois esse amor se expande e passa a aceitar as outras pessoas com quem ela se importa. Ela respeita a experiência dessas pessoas e zela por ela. Ela as incentiva a respeitar a si mesmas. Ela tem o mais elevado bem dessas pessoas no coração.

Em contraposição, a pessoa que tenta agradar os outros à custa de si mesma não está oferecendo amor, mas sacrifício. E o sacrifício tem seu preço. Sob a falsa aparência de abnegação, está a exigência de reconhecimento, a busca desesperada por aprovação, a necessidade de aceitação e amor garantidos, a todo custo.

Como as exigências ocultas sempre vêm à tona, a pessoa beneficiada pelo sacrifício geralmente se sente manipulada e controlada. Sente-se em débito com a outra pessoa. Ela mantém o relacionamento não por sentir prazer com a presença do outro, mas por causa da culpa. "Como posso deixar essa pessoa? Olhe o que ela fez por mim. E, se eu deixá-la, ela não vai suportar. Vai se destruir. Pode acabar com a própria vida!"

Ironicamente, as próprias pessoas que receberam os cuidados da outra, tão "abnegada", acabam por cuidar dela. Os papéis se invertem. Os que fizeram o sacrifício cobram a sua parte no trato. Ou, se não cobram, ficam extremamente amargurados, fazendo com que os outros se sintam culpados.

Tenha cautela com aqueles que se sacrificam por você. Eles insistirão em dizer que se sentem recompensados com qualquer pequeno gesto. Qualquer um que se ofereça para se sacrificar por você esperará que você faça o mesmo por ele.

Você já ouviu a expressão "ninguém dá nada de graça". É a mais pura verdade. Mas há casos em que parece que alguém dá algo de graça. A pessoa pode até fazer isso, mas você certamente terá de dar algo em troca mais tarde. De modo geral, você pode partir do pressuposto de que tudo o que recebe de graça foi dado a crédito. Um dia alguém virá lhe cobrar a conta, pedindo algo em troca!

O melhor é não aceitar o trato quando este lhe é oferecido. O melhor é dizer: "Não, irmã. Eu preferiria que você respeitasse a si mesma. Por favor, não ignore as suas necessidades, só por vontade de agradar. Isso não vai trazer nada de bom". Eu percebo que essas palavras não agradam muito. Também não agradavam dois mil anos atrás, quando eu as dizia!

O convite do demônio vem sob muitos disfarces. Mas o disfarce favorito dele é dar alguma coisa de graça. Observe quando lhe oferecerem comida, dinheiro, sexo ou atenção "sem compromisso". Os compromissos mais difíceis de romper são os que nos passam despercebidos!

Se você é responsável, se tem condições de pagar, não se sentirá atraído por nada que lhe dêem de graça. Se você pode ir a um restaurante elegante, pedir uma garrafa de Cabernet Savignon e comer um filé mignon e camarões na manteiga, na varanda com vista para o mar, por que iria procurar uma refeição grátis?

Você só faria isso se tivesse muita ganância. Só a ganância faria com que você ou as pessoas que você ama pensassem em "sacrificar" o próprio bem-estar hoje para poder acumular mais riquezas para o futuro. Eu tenho notícias para você: esse futuro nunca chega! O seu comportamento no presente o destrói aos poucos. A ganância não produz um futuro feliz ou próspero, assim como o miserável não usufrui a riqueza que tem. A morte chega rápido demais para aqueles que não aproveitam o presente nem vivem plenamente.

Se você é uma pessoa responsável, você paga adiantado. Você apóia os outros contratando os seus serviços. Você sabe que receber sem dar nada em troca é algo que está em desacordo com a natureza e com a vontade divina. Você não busca aquilo que é injusto, não importa o quanto isso possa ser sedutor.

## JUSTIÇA

Ser uma pessoa justa é demonstrar disposição mental para receber milagres. O que mantém o fluxo de recursos é dar o que se tem e conseguir o que se precisa. Dar menos do que se tem ou pegar mais do que se precisa é algo que gera um desequilíbrio no fluxo dos recursos. Tentar dar mais do que você tem ou tirar menos do que você precisa também gera desequilíbrio.

Ninguém além de você pode determinar o que você tem e o que você precisa. É por isso que nenhum sistema econômico, não importa o quanto ele possa parecer eficaz, pode criar uma distribuição justa de recursos entre os seres humanos. Só pessoas justas podem criar uma economia justa.

A justiça acontece voluntariamente. Ela nunca acontece por imposição. As pessoas têm de ter liberdade para cometer erros e para aprender com eles. Do contrário, o sistema não é aberto e o crescimento não é possível.

A justiça é algo que se aprende com a experiência da falta de igualdade. As pessoas que tomam mais do que precisam ou que dão menos do que têm geralmente acham que foram tratadas injustamente no passado. Para conseguir um equilíbrio, pessoal ou financeiro, elas precisam trabalhar a própria raiva e o próprio ressentimento.

Em comparação, as pessoas que tomam menos do que precisam ou tentam dar mais do que têm geralmente se sentem culpadas por ter tratado os outros injustamente no passado. Para restabelecer o equilíbrio, elas precisam trabalhar a culpa que têm.

Quando a vítima resolve a sua raiva e o seu ressentimento, ela deixa de precisar tomar mais do que precisa. Ela não precisa mais se transformar num algoz para compensar o que sofreu antes.

Quando o algoz resolve a sua culpa, ele não precisa mais dar aos outros os recursos de que precisa. Não precisa mais fazer o papel de vítima para compensar o seu passado como algoz.

Depois que você compreende o seu padrão e vê como a sua vida se desequilibrou, você pode começar a corrigi-la. Se você é alguém que só sabe dar, pode começar a receber. Se você só sabe receber, pode aprender a dar.

Quando o ato de dar e o de receber estão equilibrados na sua vida, a justiça se estabelece em todos os seus relacionamentos. Demonstrando justiça, você testemunhará o milagre da igualdade. Você não vai mais tolerar nenhum tipo de engano. Nem com relação a si mesmo, nem com relação aos outros. Você defenderá a justiça aonde quer que vá. Você exigirá que todas as pessoas recebam o amor e o respeito que merecem.

# 8

# Reconciliação

## O GRANDE IGUALADOR

Se olhar a vida das pessoas, assim como ela é na superfície, você dirá que elas não são todas iguais. Uma pessoa é um grande atleta que ganha milhões de dólares por ano. Outra é um veterano de guerra, que vive preso a uma cadeira de rodas. Uma tem vários diplomas. Outra não acabou nem o primeiro grau. Isso nem de longe parece igualdade ou justiça. Na verdade, aos olhos do mundo, existe muito pouca igualdade.

No entanto, aos olhos do Espírito, as pessoas são absolutamente iguais. O rico não tem mais privilégios do que o pobre. O homem simples não é menos estimado do que o intelectual brilhante. Quando você enxerga além das aparências, quando vê o que está no coração das pessoas, você vê a mesma luta, a mesma dor. O médico abastado cujo filho morreu de AIDS sente a mesma dor que uma simples aposentada, quando ela perde a filha.

A dor é um grande igualador. Ela faz com que todos se curvem. Ela nos deixa mais humildes e sensíveis às necessidades dos outros. A dor é o maior professor do planeta. Ela acaba com todas as hierarquias. Ela desfaz a posição social e invalida os bens materiais. Ela traz tudo à tona para que seja curado.

Se você já sentiu a sua dor muito profundamente, sabe do que estou falando. E você sente uma grande compaixão quando vê outras pessoas sofrendo. Você não precisa afastá-las nem tentar corrigi-las. Você só lhes dá espaço no seu coração. Oferece a elas um abraço e algumas palavras de incentivo. Você sabe o que elas estão passando.

O mundo eleva as pessoas e as faz cair. Nada é permanente neste mundo. A fama e o anonimato, a pobreza e a riqueza, a felicidade e o desespero andam lado a lado. Você não pode viver uma experiência sem viver a outra. Se acha que pode, você está na negação.

A maioria de vocês mantém uma certa dose de negação. Isso provavelmente acontece porque você quase não está em contato com a sua dor. Isso é muito assustador. Você prefere fingir que é espiritualizado em vez de admitir que está passando por maus bocados. Você não quer que as pessoas vejam a sua roupa suja: os seus julgamentos, os seus anseios, os seus pensamentos suicidas. É mais fácil para você deixar que as outras pessoas vejam a sua máscara de papelão, e não o seu rosto contorcido por trás dela. Você tem orgulho do adulto espiritualizado que mora dentro de você, mas tem muita vergonha da sua criança ferida.

A pior coisa sobre a negação é que ela cria uma cultura de fingimento e vergonha. Porque tantas pessoas estão fingindo que são seres espiritualizados e bem ajustados é que aquelas que estão em contato com a própria dor acham que são pessoas socialmente desajustadas. Acham que não merecem se associar com seres tão iluminados. Elas têm vergonha da própria dor. E assim elas se isolam dos outros ou se sentem rejeitadas pelos que se sentem ameaçados pela honestidade emocional que elas demonstram.

A pessoa que está em contato com a própria dor acaba imediatamente com todo o fingimento da interação humana. A disposição que ela tem de assumir o que sente tende a trazer à tona nas outras pessoas sentimentos que elas não estão dispostas a olhar.

Para aquelas, no entanto, que têm a coragem de ficar em contato com a própria dor, uma passagem sagrada se abre. O coração fechado se expande e se abre, o corpo começa a respirar e a energia bloqueada é liberada. Esse é o primeiro passo no processo de cura. Quando se reconhece a dor e se tem disposição para senti-la, a jornada sagrada começa.

A pessoa não vai encontrar verdadeira intimidade com as outras se não estiver consciente da sua própria experiência e disposta a comunicá-la ho-

nestamente. Os relacionamentos com base na negação mútua são prisões emocionais. Uma vez que duas máscaras não conseguem se comunicar, os parceiros que têm relacionamentos desse tipo não têm as ferramentas certas para abrir a porta da prisão.

Basta entrar numa crise de despertar — a morte de um ente querido, uma doença física ou a perda do emprego — e pronto, a carapaça da negação se quebra. A porta da prisão é aberta e as pessoas que se escondiam atrás dessa carapaça, chocadas, saem ao ar livre. Ali elas se sentem piores do que na prisão, pois agora estão em contato com a própria dor.

Os acontecimentos que levam ao despertar tornam agudas as dores crônicas. O sofrimento se intensifica. Ficamos mais doentes. Já não conseguimos viver tão bem neste mundo. Precisamos de tempo e de espaço para aceitar a situação. Como não estávamos prontos para fazer essa escolha conscientemente, tivemos de fazê-la de modo inconsciente. Parece que estávamos pegando um abacaxi das mãos de Deus, mas na verdade era só o universo reagindo à nossa fraqueza, ao nosso grito mudo e fraco por ajuda.

Começar a sentir a "dor" é o primeiro grande ato de libertação. É o fim da sabotagem e da conspiração inconscientes. Trata-se do nascimento da percepção consciente.

Quando "sentimos" a nossa dor, começamos a superá-la. Ela é como uma passagem, um meio de mudar a nossa vida. Ela não existe para nos prender. Não precisamos nos apegar a ela, conservá-la ou construir uma nova identidade ao redor dela. Ela não é um trem estacionado, mas um trem em movimento. Depois que embarcar, esse trem nos leva aonde precisamos ir.

A dor é um grande igualador. Ela nos ajuda a sermos honestos e autênticos. Ela nos faz capazes de pedir amor incondicional e apoio às outras pessoas e nos predispõe a oferecer o mesmo em troca. Ela nos liga com uma comunidade de cura. Nós encontramos outros seres humanos cujas carapaças de negação estão rachando. E começamos a nossa cura juntos.

A decisão de se curar muitas vezes é solitária, no entanto, ninguém precisa, no final das contas, se curar sozinho. Nossa cura é muito mais rápida e muito mais profunda quando testemunhamos a cura de outras pessoas.

A comunidade de cura é muito diferente de um hospital, aonde as pessoas vão para que alguém as "conserte" ou para morrer isoladas e sozinhas. Na comunidade de cura, as pessoas estão em contato com os próprios sentimentos e aprendem a ter mais intimidade umas com as outras. As pessoas podem morrer, mas elas não morrem sozinhas. Morrem cercadas de pessoas queridas. Morrem depois de ter mergulhado mais fundo na própria vida, envolvidas numa aura de perdão, de aceitação e de paz.

É tempo de parar de construir hospitais e começar a criar comunidades de cura. Não faça isso pelas outras pessoas. Faça por você mesmo, pela sua família, pelos seus amigos. Todos vocês precisam de uma atmosfera segura e cheia de amor em que possam se curar.

Quando enfrentam a dor, as pessoas ficam em posição de igualdade. Quando a dor é reconhecida, elas aprendem a dizer a verdade sobre a própria experiência. Então a obra de Deus pode começar no planeta Terra.

## MAIS DOR AINDA

Tão problemática quanto a negação da dor é fazer do sofrimento um estilo de vida. Algumas pessoas que começam a reconhecer a própria dor percebem que ela lhes garante um bocado de atenção. Essas pessoas constroem toda uma identidade em torno do fato de estarem feridas, passando a fazer o papel de vítimas da vida. Contar seus dramas vira um verdadeiro vício.

Quando uma pessoa conta a mesma história várias e várias vezes, você percebe que ela não está sendo autêntica. A pessoa autêntica não é um contador de histórias profissional. Ela não é um artista da confissão. Ela não precisa ser o centro das atenções para se sentir bem consigo mesma.

A pessoa autêntica conta a própria história porque o ato de contá-la ajuda a curá-la. Quando ela a conta, passa a ter um entendimento mais profundo dessa história e começa a aceitar o que acontece. Ela compreende a sua experiência de modo mais pleno e aprofunda a sua compaixão por si mesma e pelos outros. Quando conta a sua história, ela se cura e os outros também se curam com ela.

No momento em que integra a sua experiência, essa pessoa não precisa mais contar a mesma história. Se insiste em contá-la, isso passa a dificultar o seu crescimento espiritual. Essa história passa a ser uma muleta na qual ela se apóia, muito embora os seus membros já tenham sido curados e ela já possa se apoiar neles outra vez. Essa pessoa fica presa à sua história, emaranhada na sua dor. Ela se torna uma fraude e uma impostora. Sua história é uma encenação. Não serve mais para ajudar as pessoas.

A aceitação da dor faz com que a pessoa se afaste do próprio desconforto. Ela diminui o desconforto e aumenta a auto-aceitação e a confiança. Ela faz com que a pessoa dê um passo à frente na sua jornada.

A dor reconhecida é uma porta que se abre, um convite para que a pessoa se expanda e se sinta cada vez mais segura para assumir riscos. Quando encaramos o nosso medo e a nossa dor, encontramos a nossa alegria. Deixamos os nossos velhos limites para trás. Abandonamos a nossa pele velha.

Quando compartilhamos de modo autêntico com os outros, ajudamos a nós mesmos e aos outros. Nós avançamos. Eles avançam. Uma vida de dor deixa de ser encarada dessa forma. Na verdade, ela é desnecessária.

A dor só é necessária quando existe dissociação ou negação. O sofrimento só acontece quando oferecemos resistência na nossa vida. Embora a dor e o sofrimento sejam fenômenos universais, eles são temporários. Eles assolam a vida de todo mundo num momento ou no outro, mas não são companhias permanentes. Eles são mensageiros, não são companheiros de viagem.

Dizer que o mensageiro não está presente na nossa vida quando ele está de pé, na nossa porta, é pura bobagem. O melhor é atender à porta e ouvir o que ele tem a dizer. Mas, depois que o mensageiro é ouvido, ele pode ir embora. Seu dever está cumprido.

## O ABUSO NA TERAPIA

Quando o trabalho de cura vira moda, nasce uma cultura de agentes de cura que precisam, eles próprios, de cura. Quando ser vítima de um trauma de infância ou de um abuso sexual passa a ser uma coisa "chique", os terapeutas saem facilmente impunes, colocando palavras na boca de seus clientes. Lembranças de acontecimentos que nunca ocorreram são cultuadas com reverência. Incidentes provocados por insensibilidade ou uma atitude descuidada de menor importância são exagerados e expressos numa linguagem de culpa. Todo mundo imagina que deve ter acontecido o pior. Isso é histeria, não é cura. Trata-se de uma nova forma de abuso.

Em vez de questionar o que aconteceu e deixar que a pessoa ferida fale, o terapeuta coloca um rótulo profissional na ferida. Em vez de ajudar a vítima a se expressar e a se ligar com a sua própria experiência, a voz dela é mais uma vez abafada. E ela recebe mais uma opinião acerca do que aconteceu. Para ganhar aprovação, a criança ferida conta a história que a autoridade — o terapeuta — pediu que ela contasse. Ao se render a essa autoridade, dizem-lhe que ela está melhorando.

O terapeuta projeta as suas próprias feridas abertas sobre o cliente. A subjetividade dele é considerada pelos tribunais como se fosse objetividade. Famílias são separadas. Mais crianças são punidas. A cadeia de abusos continua.

O apego à dor é debilitante. O ato de embelezar, exagerar ou fabricar a dor é insano.

Assim como a criação de uma classe sacerdotal imbuída de autoridade aos poucos arruinou a espiritualidade orgânica da Igreja, a criação de uma nova classe de terapeutas/agentes de cura imbuídos de autoridade aos poucos destrói a capacidade do indivíduo de ter acesso à cura, que é sua por direito nato.

Você não pode curar ninguém assim como não pode fazer ninguém agir dentro da moral. A cura é uma atitude voluntária. Ela acontece quando a pessoa está pronta. Muitas pessoas que fazem terapia não têm intenção nenhuma de se curar. Muitas pessoas que dão conselhos terapêuticos não assumiram o compromisso de curar a si mesmas. Para essas pessoas, sejam elas terapeutas ou clientes, a terapia é uma forma de negação.

Deixar que a ferida se cure naturalmente é tão importante quanto ajudá-la a se curar. Nós nos esquecemos de que Deus, ou a essência espiritual da pessoa, é quem opera a cura. Não é o terapeuta nem o agente de cura.

Aqueles que intervêm ou interferem no processo natural de cura acabarão sendo responsabilizados pelo dano que causam. Pois um ataque é sempre um ataque, esteja sob o disfarce que estiver. E a compulsão de curar é algo tão repreensível quanto a compulsão de ferir. Trata-se dos dois lados da mesma moeda.

O verdadeiro agente de cura respeita a capacidade interior que o paciente tem de se curar. Ele ajuda o paciente a fazer as ligações que está preparado para fazer. Ele é a favor da integração, da gentileza, da paciência. Desse modo, seus clientes ficam mais fortes. Eles se curam e seguem adiante.

O agente de cura que precisa ele próprio ser curado não demora a fazer do paciente uma vítima, não demora a culpar os outros. O falso agente de cura encarcera o paciente, tirando a liberdade dele. O paciente é destituído de toda a sua dignidade e autoconfiança. Ele passa a depender de medicamentos, aparelhos e da autoridade dos médicos. O que acontece em alguns hospitais não é muito diferente do que acontece na maioria dos cultos religiosos corrompidos. Trata-se de uma história de degradação e de escravização. Chamar isso de cura é grotesco, para não dizer obsceno.

Se não quer fazer do seu processo de cura uma gozação, você precisa evitar os extremos da negação e da dramatização da dor. É preciso enfrentar a dor, não imaginá-la. Se ela existe, se expressará com autenticidade. Ela falará por si mesmo. A sua tarefa é convidá-la a falar, em vez de falar por ela.

Bodes expiatórios não contribuem muito para a cura de ninguém. Vencer a vergonha é mais importante do que encontrar pessoas para culpar. Mesmo quando é evidente que ocorreu uma violência, a solução não é punir quem a cometeu, pois essa pessoa já é uma vítima e puni-la só reforçará a sua própria vergonha e impotência.

A pergunta que você tem de aprender a fazer não é "como curamos?", mas "como criamos um ambiente seguro onde a cura possa ocorrer?" Se você aprender a criar esse ambiente, a cura acontecerá naturalmente. E assim você também estará criando a atmosfera ideal para que as condições que causam o abuso sejam eliminadas pela raiz.

## AUTENTICIDADE E ACEITAÇÃO

Qualquer que seja a sua experiência, o seu desafio é aprender a aceitá-la, abster-se de julgá-la, acolhê-la incondicionalmente. Quando consegue fazer isso, você é capaz de integrar a experiência e as lições que ela traz para a trama da sua vida. A autenticidade é o fruto de uma vida vivida plenamente.

A negação ou a fabricação da experiência é algo pouco autêntico ou espiritual. Ela resulta na fragmentação da consciência e na subjugação de uma parte da experiência (inconsciência) por outra (consciente). Isso cria um desequilíbrio na psique que precisa ser sanado um dia. E a cura invariavelmente requer que se admita a mentira.

Falar a verdade para si mesmo e para os outros é o primeiro requisito da vida espiritual. Sem honestidade, a autenticidade fica impossível.

Para que a experiência seja aceita e integrada, é preciso dizer a verdade sobre o que aconteceu. Segredos precisam ser revelados.

Se ocorreu dissociação, a pessoa pode ter reprimido a lembrança dos fatos. No entanto, a lembrança sempre vem à tona quando ela passa a ser capaz de olhar para ela. A pessoa não pode nem deve apressar o processo.

Não negue o que aconteceu. Não maquie nada. Simplesmente reconheça o que aconteceu e aceite o fato. É isso o que causa a reviravolta da inverdade para a verdade, do segredo para a revelação, do desconforto oculto para a consciência da dor.

A dor é um portal que você atravessa quando está pronto. Antes disso, você é o guardião do portal, a sentinela que mantém guarda e decide o que excluir e o que deixar entrar.

Não há nenhum problema em não estar pronto. Nem em excluir pessoas ou situações que o deixam inseguro. Você é quem controla o seu próprio processo de cura. Você é quem decide se quer ir mais rápido ou mais devagar. Não deixe que ninguém determine o ritmo do seu processo de cura. É você quem tem de comandá-lo. Se você tem um terapeuta ou agente de cura, ele deve verificar constantemente se você está se sentindo seguro com o processo.

Respeitar o seu próprio processo é essencial para viver a vida com autenticidade. As outras pessoas sempre terão idéias, sugestões, planos para você. Agradeça-as por se preocuparem, mas deixe bem claro que é você, não elas, quem toma decisões na sua vida.

Lembre-se, a baixa auto-estima faz de você um alvo fácil daqueles cuja forma particular de autonegação consiste em fazer pregações. Perceba de uma vez por todas que qualquer um que ache que sabe mais da sua vida do que você mesmo não passa de um ladrão bancando um agente de cura. Ele tem de roubar dos outros porque se sente inseguro e carente.

Cuidado com aqueles que criticam você "para o seu próprio bem". E observe quando tentam fazê-lo se sentir culpado. Você não deve nada a ninguém, exceto a verdade.

Não há nada de errado em dizer "Não" quando as pessoas o convidam a ser desleal consigo mesmo. Na verdade, é precisamente isso que a sua experiência está tentando ensinar a você.

Diga "Não" para todas as barganhas e acordos para conseguir amor e aprovação. Eles não podem fazê-lo feliz. Não abra mão da sua liberdade em troca de alguns afagos condicionais.

Você precisa da sua liberdade para aprender a ser exatamente quem é. Um guia verdadeiramente espiritual celebra a sua liberdade e encoraja você a seguir o próprio coração. O verdadeiro professor faz com que você se volte para si mesmo, onde você recebe a sua própria orientação, e não a de fora. Pois a orientação nunca vem por meio dos conceitos e das opiniões das outras pessoas.

## PERMISSÃO PARA ENGANAR

A maioria das pessoas que você aceitou como autoridades na sua vida vão abusar de você. O ato de aceitar a autoridade delas é a permissão de que precisam para enganá-lo. Você pode dizer, "Mas eu não sabia que elas iam se aproveitar de mim". E eu digo a você, irmão ou irmã, "Abra os olhos! Assuma a responsabilidade pela sua vida. Perceba que você está colhendo o que plantou. Pare de tentar culpar os outros pelas escolhas que você fez".

Você deu permissão. Talvez você não soubesse o quanto isso seria ruim. Como freqüentemente acontece, o abuso veio na forma de promessas açucaradas. Podem ter-lhe oferecido amizade. Ou segurança financeira. Ou companhia. Ou sexo. O que você desejava. Não importa qual tenha sido a isca. Você engoliu e foi fisgado. Seja mais esperto da próxima vez. Veja a oferta pelo que ela é: uma tentativa de manipular para conseguir amor e aceitação.

O amor não pode vir por meio da manipulação, pois o desejo de manipular o outro é fruto do medo e da insegurança. Ela pode prometer amor, mas não pode cumprir essa promessa.

Não acredite naqueles que dizem que se sacrificariam por você. Mesmo que fosse verdade, eles estariam cometendo um pecado contra si mesmos e nada de bom isso poderia trazer.

Não aceite que ninguém tenha autoridade sobre você nem aceite ter autoridade sobre ninguém. Reivindique a sua liberdade e ofereça liberdade aos outros.

Aqueles que tentam manipular ou aceitar qualquer coisa em troca de amor desperdiçarão a vida toda num labirinto emocional, com pouca chance de sair de lá. O amor condicional é uma prisão perpétua. A única saída é dizer a verdade a si mesmo e aos outros. Então você pode caminhar em liberdade.

Não dê nem peça nada a ninguém. Não dê a sua aprovação. Não a ofereça quando as outras pessoas a pedirem a você. Esqueça esse negócio de dar aprovação. Esqueça esse negócio de esperar a aprovação dos outros. Dê apenas o que você pode dar com todo coração e deixe o resto de lado.

Muitos de você estão presos na jornada horizontal. Eu tenho tentado lhe dizer que, não importa o quanto você tenha avançado na investigação do "outro", você vai voltar para si mesmo. A Terra é redonda. Depois que percorrer a circunferência do planeta, você vai voltar para o mesmo lugar.

Afinal, por que se abandonar? Por que andar a esmo por aí, em busca do outro, quando não existe nenhum outro? Existe só o si mesmo. Isso você descobrirá mais cedo ou mais tarde. Quanto mais você se voltar para fora mais terá de percorrer para voltar para casa.

Todos os outros oferecem a você um desvio do universo do eu. Quanto mais você acreditar que precisa dos outros para ser feliz mais infeliz você será. A felicidade não é algo que possa se dar aos outros, pois, ao contrário do que parece, não existe nenhum outro. Existe apenas o eu disfarçado de outro. E, nesse disfarce, o eu parece bem maldoso de fato. Ele comete assassinatos, comete estupros, abusa de crianças, toda sorte de atrocidades. Ele faz tudo isso porque acredita que ele é o outro. Ele faz tudo isso numa tentativa desesperada de acabar com a separação na base da força.

Isso não pode ser feito. Não dá para acabar com a separação usando a força. O que não é amado não pode encontrar amor. Só aquele cujo coração se enternece pode encontrar o amor que está diante dele. E o coração se enternece não em referência ao outro, mas só por meio da aceitação gentil do eu.

Ame muito a si mesmo e você conseguirá atrair os outros para esse amor sem dificuldade. Na verdade, quando duas pessoas que amam a si mesmas se encontram, nenhum "outro" está presente. Existem apenas duas pessoas que moram num mesmo coração de amor.

Existe só uma pessoa aqui que precisa dar e receber amor e essa pessoa é você. Dê amor a si mesmo e inclua os outros nesse amor. Se eles não quiserem ser incluídos, deixe-os para lá. Não se trata de nenhuma perda. Você não precisa de outro desvio, de outra jornada inútil.

Seja firme no seu amor por si mesmo. Faça com que esse seja o seu principal compromisso. A graça divina trará para a sua vida pessoas que são felizes em ser elas mesmas. Elas não começarão a lhe fazer exigências. Não tentarão assumir o controle da sua vida.

Quando alguém lhe fizer uma oferta aparentemente irrecusável, você precisa aprender a recusar. Seja leal consigo mesmo, custe o que custar.

O diabo sempre lhe oferecerá presentes extraordinários. Não se deixe enganar. Ele parece ter poderes sobrenaturais, mas esses poderes não são reais. Ele é só um irmão desorientado, tentando atrair você para o seu próprio drama de auto-abuso.

Não diga "Sim" para o seu abuso ou para o dele. Coloque Deus em primeiro lugar. Deus lhe diz, "As suas necessidades estão completamente satisfeitas. Você é completo. Não lhe falta nada. Relaxe e respire. Isso também passará".

Mas o diabo grita: "Não. Você não está bem. Você está sozinho. Precisa de companhia. Precisa de um emprego melhor. Precisa de um relacionamento melhor. Precisa de mais dinheiro, de mais sexo, de mais notoriedade; tudo isso eu posso dar a você".

É claro que você já ouviu essa conversa fiada antes! Algum cavaleiro numa armadura reluzente ou donzela em perigo sempre aparece quando você está se sentindo por baixo. Quando foi que eles pegaram você no passado? Quantos cavaleiros ou donzelas saíram a toda no seu cavalo, deixando um rastro de sangue e lágrimas?

No entanto, este cavaleiro parece melhor do que o anterior. Esta donzela é mais sincera, mais sensível, mais centrada, mais aquilo que você quiser. Trata-se do seu drama, não do meu.

Se você olhar bem fundo, verá que se trata da mesma conversa mole. Todo convite para que você volte a se iludir contém as mesmas promessas açucaradas e a mesma capacidade de arrasar corações.

Aqueles que buscam no outro a salvação distanciam-se de si mesmos. Perdem contato com o próprio ser.

Essas pessoas iniciam, assim como Dom Quixote, uma grande jornada horizontal. E elas sempre encontram donzelas para resgatar e moinhos de vento para disputar. Isso faz parte da jornada.

Mas, no fim, elas voltam para casa cansadas, feridas e descrentes. A jornada horizontal leva à derrota todos os que a empreendem. Neste mundo ninguém encontra a salvação. Não há nada que se possa fazer para encontrar a paz.

O que leva à paz está além do "fazer". Você só pode encontrá-la se ficar em casa. Fique consigo mesmo. Leve amor às partes do seu ser que ainda não se sentem amadas. Aferre-se à bênção divina da graça e da abundância.

Tudo com que você se depara neste mundo tem dádivas verdadeiras a oferecer. Não existem restrições, nem barganhas neuróticas para conseguir amor e aprovação. Aqui existe a integridade autêntica, a alegria de estar sozinho ou junto. Aqui o abuso é impossível, pois não existe nenhum outro para desviar o ser de si mesmo e fazê-lo se afastar do seu propósito. Aqui a liberdade e o amor estão entrelaçados, pois um apóia o outro. Aqui existe um só eu.

## ACORDANDO DO SONHO

Todo aparente abuso é um jogo entre fantasmas ou sombras. As pessoas saem desses jogos com feridas abertas. Elas parecem que estão machucadas, mas é impossível que tenham ferimentos de fato, pois o eu é inacessível. Não há como fazer buracos nele. Você só pode fingir que o machucou ou que foi machucado.

Ninguém pode ser apartado da fonte de amor, mas as pessoas acreditam que podem e as suas atitudes são baseadas nessa crença. Tão logo essa crença é questionada, o amor se revela. Pois ele sempre esteve presente por trás do drama de ataque e defesa.

Se virmos só a superfície do que acontece na nossa vida, enxergaremos através de um vidro embaçado. Só veremos imagens como as de um sonho. Mas, se erguermos a cortina e olharmos por trás dela, veremos os atores por trás da persona. Veremos que tudo o que acontece na nossa vida foi um clamor das profundezas do nosso ser.

E tudo pelo qual clamamos contribui para o nosso despertar. Força-nos a olhar por trás da cortina. Força-nos a deixar de lado o papel de vítima ou de algoz. Expoe os nossos segredos e nos faz saber que eles "não são lá grande coisa". Leva-nos a descobrir que nada pode nos separar do amor, pois somos o amor encarnado. Somos seres brilhantes sonhando com a ilusão do abuso. Somos anjos caminhando como se estivessem feridos.

Negar nossas feridas não nos leva de volta para casa. Fingir que somos anjos quando nos sentimos como crianças maltratadas não contribui em nada para o nosso despertar. Mas conservar a ferida também não.

Quando a ferida é tratada com amor, ela cicatriza. Essa cura pode ser instantânea ou pode levar uma vida inteira, dependendo do grau da nossa entrega ao amor. Mas a vitimização acaba e a cura de fato acontece. O drama do sofrimento chega ao fim.

O despertar não é um processo violento ou doloroso, mas um suave abandonar da culpa e da vergonha. Um brando abandono da projeção.

Não que o amor faça com que o mal acabe, o que acontece é que todas as percepções do mal se desvanecem na presença do amor. Todas as feridas se dissipam no abraço do amor. E, no final, é como se nunca houvesse existido nenhum ferimento. Na melhor das hipóteses, você pode dizer que tudo não passou de uma ilusão de abuso, um sonho do qual gloriosamente despertamos.

Eu, que fui crucificado, posso dizer que você também será tirado da sua cruz, inteiro e com o corpo intacto. Você nunca foi ferido pela sua experiência. Ninguém jamais foi capaz de tirar de você o que era genuinamente seu. Só as suas ilusões são tiradas de você. E por isso você deve se sentir grato, assim como eu me senti grato quando meus executores eliminaram os últimos vestígios de ignorância da minha alma.

É impossível separar do amor o ser que você é. Por isso é inevitável que você um dia desperte do drama da separação. É inevitável que você assuma o seu lugar de direito ao meu lado.

Nada que você possa fazer mudará isso. Deus fez disso uma certeza.

Você não pode se machucar permanentemente. Não pode se apartar permanentemente do amor de Deus. No pior dos casos, você pode fazer uma viagem circular para longe de si mesmo. No pior dos casos, pode ser levado a pensar que a felicidade ou a infelicidade estão fora de você.

Mas você sofrerá abusos por causa dessa idéia, pois todo abuso é uma correção. E, como qualquer correção, ela o faz voltar ao seu curso original. Quando você percebe que aquilo que um dia você considerou um ataque era meramente uma correção para trazê-lo de volta ao caminho certo, não fica difícil se perdoar ou perdoar quem lhe faz mal. Vocês dois estavam solicitando uma correção. Cada um de vocês foi para o outro uma voz no deserto, uma resposta a um pedido de amor.

## A SOLITUDE

O seu medo de ficar sozinho e a sua dependência emocional dos outros vão lhe causar muitas decepções. O constante fracasso nos relacionamentos agravam velhas feridas, tornando ainda mais difícil a cura; diminui a autoconfiança e aumenta a dúvida quanto ao seu valor ou a sua capacidade de se relacionar.

Tudo isso pode mudar se você estiver disposto a aceitar a sua solidão como um estado de ser. Defina a sua vida de um modo que beneficie você, de um modo que possibilite a inclusão de atividades que o agradem e de relacionamentos com pessoas que respeitem os seus limites e estimem você. Encontre uma forma de cuidar do seu corpo e de expressar a sua criatividade. Viva num ambiente que inspire você. Encontre um horário mais tranqüilo quando possa se centrar. Caminhe em meio à natureza ou à beira do mar. Trabalhe com algo que você realmente gosta. Cuide de você.

Cuidar de si é um trabalho de período integral. Não tente fazer disso um trabalho de meio período. Ele tem de ser uma prioridade na sua vida. Do contrário, você estará aceitando um propósito diferente para a sua vida, incompatível com a sua paz e felicidade.

Quando você encontrar certa estabilidade no fluxo da sua vida e os seus dias estiverem cheios de alegria, criatividade e cuidados consigo mesmo e com os outros, você será naturalmente orientado para relacionamentos que promovam a sua energia renovada, o seu otimismo e a sua tranqüilidade. Esses relacionamentos serão diferentes de tudo o que você já experimentou na vida, pois eles terão como alicerce o cuidado que você tem consigo.

Quando os parceiros sabem cuidar de si mesmos e gostam de fazer isso, deixa de existir um convite mútuo para a auto-ilusão. Um não espera que o outro cuide dele ou dela.

O relacionamento não promete nada que os parceiros já não tenham. Ele é enriquecedor e expansivo, mas, em nenhum sentido, necessário. Os parceiros não precisam do relacionamento para se sentirem amados e bem cuidados, pois essa é uma dádiva que eles já deram a si mesmos.

A solitude, não a solidão, é necessária para a sua saúde emocional, esteja você vivendo sozinho ou com outra pessoa. A solitude lhe dá tempo e espaço para integrar a sua experiência. E todo crescimento depende da integração.

O fato de já ter passado por muitas experiências não quer dizer nada, caso você não tenha tido tempo para aprender com elas e para colocar esse aprendizado em prática na sua vida. O hábito de passar de atividade em atividade ou de relacionamento em relacionamento causa uma devastação no âmago emocional da pessoa. Com essa perturbação no corpo emocional a equanimidade e a bem-aventurança ficam impossíveis e a vida se torna vazia de espírito.

Sem solitude, vai faltar nutrição espiritual. Se você quer uma causa para o excesso de estresse que existe neste mundo, fique com o fato de que as pessoas não têm tempo para comungar consigo mesmas, com a natureza e com o divino. Uma vida espiritual — livre de tensões desnecessárias e do sofrimento auto-imposto — requer esse tipo de comunhão.

Se é adepto da prática do sabá, você dedica um dia da semana ao ato de se abastecer e comungar com Deus. Isso é suficiente para manter você centrado na sua vida. Se você medita ou faz longas caminhadas em silêncio durante uma hora por dia, você pode atingir o mesmo objetivo. O ritual que você escolhe não importa, ele só precisa lhe dar tempo para a silenciosa reflexão.

O tempo que você usa para integrar a sua experiência é tão importante quanto o tempo que usa para passar por essa experiência. Se você se lembrar disso, assimilará as suas lições com muito mais profundidade e rapidez.

Se fizer uma refeição e depois cochilar durante meia hora, você acordará revigorado. Você terá proporcionado ao seu corpo um período ininterrupto para fazer a digestão. Tente fazer o mesmo com todas as suas experiências. Dê um tempo para a digestão e para a assimilação. Deixe que a experiência seja filtrada dentro de você. Fique com ela. Deixe-a viva dentro de você, antes de tentar expressar alguma reação ou viver de acordo com ela.

Toda respiração tem três movimentos: a inspiração, uma pausa e a expiração. A inspiração serve para que se absorva a experiência. A pausa para que ela seja assimilada. E a expiração, para que se libere essa experiência. Embora a pausa só leve um segundo ou dois, ela é essencial para a integridade da respiração.

De modo semelhante, a solitude é essencial para a experiência consciente e integrada da vida. Dela depende a qualidade da vida. Dela dependem a energia e a espiritualidade.

Se você não fizer essa pausa, a sua vida será uma concha vazia. Muito pode entrar ou sair, mas nada permanecerá. Não haverá crescimento na consciência.

## O RITMO

A beleza e a majestade simples da vida podem ser encontradas nos seus ritmos cíclicos: no nascente e no poente, nas fases da Lua, nas mudanças das estações, no pulsar do coração, no movimento rítmico da respiração. A repetição proporciona continuidade, familiaridade, segurança. No entanto, dentro de todo ritmo, existem variações que possibilitam desafios e oportunidades para o crescimento.

Muitas pessoas hoje vivem desligadas dos ritmos da natureza e do próprio corpo. Em resultado disso, elas carecem de um contexto seguro e nutriz no qual viver e integrar os desafios que a vida oferece. Essa é uma das tragédias da vida contemporânea. Não há muito com que se possa contar.

A ligação com a terra, com o corpo físico e com a respiração é rompida. O contato com os membros da família não existe mais. Pais e filhos têm um relacionamento superficial ou problemático. A vida de hoje é só uma concha do que costumava ser.

As mudanças não param de acontecer sem que haja tempo para se refletir sobre elas ou para integrá-las. Os relacionamentos começam e terminam antes que as pessoas possam estabelecer algum tipo de fluxo interpessoal. As demandas emocionais abrem uma cratera na paisagem do coração, dilacerando-lhe as fibras. A confiança é mutilada, a paciência esquecida.

Todo mundo hoje está ferido. No entanto, poucos reparam nisso. A vida continua, impulsionada pela distração perpétua. À medida que o entretenimento prospera, a consciência e a comunhão fenecem. Mais e mais estímulos se impõem. A vida vira um negócio. O único período de tranqüilidade é o sono e, mesmo esse, é crivado de sonhos agitados.

Isso é o que você chama de vida, embora seja apenas uma imitação grotesca. Trata-se de vida sem respiração, sem energia, sem intimidade. Trata-se de um ataque aos sentidos, o massacre da mente, a violação do espírito.

É vida sem coração, sem ritmo.

A vida sem ritmo não tem ligação com a terra. Ela busca alcançar o céu enquanto ignora a terra. Ela rodopia para o alto, adernando perigosamente pelos céus, passando de uma aventura autodestrutiva para outra. Ela é insegura e abusiva para todos os envolvidos.

Quanto mais insegura ela parece, mais a criança ferida interior busca a segurança que, aos seus olhos, alguém com autoridade pode dar. Mas isso não passa de uma armadilha. Quanto maior a necessidade de aprovação exterior, mais estragos causará a quebra da confiança.

As pessoas casam com outras que representam para elas uma autoridade. Elas as elegem. Freqüentam as suas igrejas e aderem aos seus cultos. Aos poucos, no entanto, todas essas autoridades são desacreditadas. E, à medida que elas caem dos seus pedestais, aqueles que as reverenciavam caminham rumo à própria destruição. Essa é uma história antiga.

Você vive numa época em que todas as autoridades externas serão solapadas e abolidas. Quanto mais as pessoas se voltam para fora, mais lições as obrigarão a se voltar para dentro. Esse é o despertar. Essa é a época em que você vive.

Todos que buscam o céu sem lançar raízes na terra serão surpreendidos pelas suas experiências. No devido tempo eles voltarão, enxadas em punho, e começarão a trabalhar no plantio.

Não existem asas sem raízes, com exceção dos pássaros. E eles sempre procuram abrigo nas árvores com raízes profundas presas ao chão.

Tudo que rodopia para o céu acaba se estatelando na terra, maltratado, esfacelado, desamparado, lambendo suas feridas imaginárias. Aquele que não tem raízes aprenderá a lançá-las. Aquele que busca a autoridade lá fora aprenderá a encontrá-la dentro de si.

E então, com os pés bem plantados na terra, os olhos notarão o curso do Sol e da Lua. Os sentidos percebem a vitalidade crescente da primavera e as folhas caindo no outono. O sangue e a respiração serão restaurados. O ritmo se restabelecerá. A segurança será recriada onde ela realmente existe, no coração de cada pessoa. E a ordem orgânica será restabelecida na Terra.

Se você não está lançando raízes, está querendo arranjar encrenca. Só as suas raízes firmes no chão ajudarão a trazer o céu para a terra. Não é a sua teimosia ou a sua arrogância espiritual. Nem as idéias do seu cérebro esquerdo.

A espiritualidade consiste em "viver com", não em "viver para". Trata-se da poesia do ser, do ritmo da vida em cada pessoa, em cada relacionamento, em cada comunidade.

# 9

# A Aceitação do Eu

## ASSUMINDO UM COMPROMISSO COM O EU

A maioria de vocês sabe o que quer, mas não espera por isso. Vocês estão constantemente adaptando as suas necessidades e os seus valores para que se ajustem às situações que surgem na sua vida. Você suporta o seu emprego ou um relacionamento não porque ele ofereça o que você quer, mas porque tem medo de que não apareça nada melhor. Você vive a vida com medo de assumir riscos, pois não quer desistir da segurança que tem.

Eu tenho que lhe dar uma notícia. Essa segurança é o anúncio da sua morte. Ela impede você de buscar sinceramente pelo que quer.

Se está pronto para deixar para trás padrões negativos, masoquistas, para agradar as pessoas, você precisa se dispor a defender as suas convicções acerca de quem você é, sem se importar com o modo como reagirão a isso. Você tem de mergulhar fundo no seu mundo interior e afirmar aquilo que só você sabe que é.

Coloque as idéias e opiniões dos outros de lado e defenda a sua própria integridade. Assuma plenamente os seus pensamentos e sentimentos. Aproprie-se da sua vida. Ligue-se com a sua alegria. Encontre a fonte de energia e sabedoria dentro de você e viva a partir desse centro.

A menos que se dê tempo para fazer isso, você não se ligará com a sua própria energia de desejo. Não conseguirá tomar as rédeas da sua vida se estiver sempre se desculpando ou buscando a aprovação dos outros.

Pare para respirar e se conectar. Pare para ser, para encontrar a sua alegria e para sair em busca dela. Pare de olhar para fora. Reserve um dia, uma semana, um mês para olhar para dentro de si mesmo.

Assuma um compromisso consigo mesmo. De que outro modo você pode encontrar a si mesmo?

Você requer a sua atenção!

Os seus pensamentos e sentimentos precisam da sua aprovação.

Por um momento, pare de procurar satisfação fora de si mesmo. Faça o que o deixa feliz. Não questione nem se desculpe por fazer isso.

Cuide de si mesmo com gentileza e generosidade.

Coma o que tem vontade de comer. Durma quanto quiser. Energize-se em todos os níveis do seu ser.

Não abra mão de nada. Comprometa-se consigo mesmo.

Faça isso durante uma hora por dia, todo dia, sem falhar um dia. Ou faça isso um dia por semana, toda semana, sem falhar um dia. Reserve esse tempo para você, como se fosse um presente.

É assim que você começa a se conhecer melhor. É assim que desenvolve um compromisso consigo mesmo.

Sem esse compromisso, você não realizará nada de valor nesta vida. Se nunca assumir um compromisso consigo mesmo, como fará isso com outra pessoa?

Não dá!

Existem milhões de pessoas que acham que têm um compromisso com outra pessoa, no entanto, muito poucas têm um compromisso consigo mesmas. A maioria delas usa esse "compromisso" com outra pessoa para evitar o compromisso consigo mesmo.

Esse compromisso consigo mesmo lhe parece egoísta?

Se parece, você tem de aprender que aquilo que enobrece e dignifica você não pode causar mal a ninguém nem tirar das outras pessoas algo que lhes pertence. Se as outras pessoas se sentem incomodadas com esse compromisso que você assumiu consigo mesmo, você pode considerar isso um sinal de que elas estão sendo desleais com elas mesmas. Como elas poderiam fortalecer você? As opiniões e interesses delas sempre levarão você para longe de si mesmo.

Não seja tolo a ponto de dar o seu tempo ou a sua atenção a elas. As pessoas que traem a si mesmas querem manipular as outras porque acham que estas têm algo a lhes oferecer que elas não podem conseguir por si mesmas. Evidentemente, isso não é verdade.

Os outros só podem lhe dar o que podem dar a si mesmos, pois eles são simplesmente o reflexo disso. Tudo o que você recebe dos outros é algo que já tem dentro de si; caso contrário, você não conseguiria atrair esse reflexo para você.

A idéia de que os outros podem dar algo para o eu ou tirar algo dele é uma ilusão. Ninguém pode lhe dar o que você não tem ou tirar o que você já tem. Só o que é ilusório pode ser dado ou tirado. Só o julgamento, a interpretação, a opinião e a aprovação podem ser dados e tirados. Se você aceitar esses presentes enganadores para aumentar a sua autoconfiança, prepare-se para quando eles lhe faltarem.

Aceitar um presente enganador de outra pessoa é iludir a si mesmo. Não dê valor ao que não tem. Se você construir a sua casa sobre areia movediça, não se surpreenda se ela vier abaixo na primeira tempestade.

Você só tem duas chances na vida. Você pode ser leal ao seu eu ou pode traí-lo. Ninguém mais é responsável pela sua felicidade ou pela falta dela.

Quando você é desleal consigo mesmo, também é desleal com os outros, pois toda deslealdade consigo mesmo é insincera e desonesta. Quando não pede o que quer, você dá margem para que o outro se decepcione. Mais cedo ou mais tarde, você terá de admitir a verdade: você não quer de fato aquilo que pediu!

Todo abuso resulta da mentira inicial que contamos a nós mesmos. Essa mentira é: eu digo que quero você, quando, na verdade, eu quero a mim mesmo. Se aceita essa mentira, você vai tentar em vão me dar eu mesmo, mas isso nunca vai funcionar. Você só pode me dar eu mesmo se eu estiver disposto a fazer o mesmo por mim. Se eu estou usando o relacionamento que eu tenho com você para fugir de mim mesmo, então não há absolutamente nenhum jeito de você me dar o que eu quero.

Nesses casos, só será uma questão de tempo até que o meu desejo ilusório por você siga o seu curso e fique claro para mim que você não pode me dar o que eu quero. Se eu tenho muito medo de encontrar a mim mesmo, eu continuarei buscando o eu por meio dos outros, deixando um rastro de falsas promessas e lágrimas desnecessárias. Não que eu esteja abusando conscientemente de você. Acontece simplesmente que a minha decisão de não me respeitar leva a um beco sem saída. Eu busco o eu por meio do outro e não é possível encontrá-lo ali. Se você se junta a mim nessa jornada, pode ter certeza de que você está buscando o eu por meio do outro. E você só obterá o mesmo que eu. O que prometemos um ao outro nenhum de nós dois pode dar. O nosso relacionamento é uma armadilha para nós dois. Nós nos espelhamos um no outro.

O ciclo de abusos continua até que você acorde. Acordar significa não projetar a culpa na outra pessoa. Significa se recusar a ser uma vítima. Significa ver a deslealdade consigo mesmo pelo que ela é.

Quando você tira a culpa do outro e reconhece que está se iludindo, você dá o primeiro passo para romper o padrão de abusos. Esse passo consiste apenas em ver que essa tentativa de encontrar o ser amado no outro é inútil. Quanto mais você procura o amor lá fora, mais impetuosamente será levado a se confrontar consigo mesmo.

Eu já disse antes que até que encontre o bem-amado dentro de si mesmo, você não poderá encontrá-lo lá fora. Os outros só podem lhe dar o que você se dispõe a dar a si mesmo. E o que você não está disposto a dar — que evidentemente é o que você quer — ninguém mais pode lhe dar.

Isso significa que todo relacionamento é uma deslealdade consigo mesmo e portanto está fadado ao fracasso? Nem todos talvez, mas muitos mais do que você pensa!

A maioria dos relacionamentos é uma conspiração para que ambos os parceiros se traiam e evitem assumir um compromisso consigo mesmo.

Uma pessoa usa a outra como um substituto para a entrega verdadeira à presença do amor interior.

O único jeito de evitar os relacionamentos co-dependentes, decepcionantes para ambos, é fazer amizade com o eu, respeitá-lo, amá-lo e aceitá-lo. Então é possível construir um relacionamento sobre a verdade da coerência consigo mesmo. Esse é o novo paradigma dos relacionamentos.

No novo paradigma, o meu compromisso de amar você é sempre uma extensão do meu compromisso de amar a mim mesmo. Pelo fato de amar você, o meu compromisso com o eu se expande para incluir você. Eu estou, portanto, compromissado com nós dois ao mesmo tempo.

Nos relacionamentos que pertencem ao antigo paradigma, o compromisso com o eu é corrompido pelo compromisso com o outro. Na tentativa de agradar a outra pessoa, o eu é abandonado. Uma vez que o eu abandonado é incapaz de amar, esse é um círculo vicioso de atração e rejeição. Primeiro o eu é excluído e depois o outro é excluído.

Todo relacionamento verdadeiro tem de ser construído sobre o alicerce da aceitação de si mesmo e do amor-próprio. Esse é o gesto espiritual básico, que abre a porta para o potencial da intimidade.

Quando sabe o que quer, você pode pedir por isso. Quando alguém diz, "Desculpe, não posso lhe oferecer isso", você diz, "Sem problemas. Isso virá no tempo certo". Você continua focado no que quer, não importa o que a outra pessoa lhe ofereça. Você rejeita todas as condições com as quais o amor e a atenção lhe são oferecidos. Você se mantém firme na verdade do seu coração, não aceitando menos do que prometeu a si mesmo.

E, no devido tempo, isso vem, pois você se manteve fiel a si mesmo, aprendeu a dar amor a si mesmo. Como você respondeu ao chamado do seu coração, o Bem Amado apareceu na sua porta da frente, sem nem sequer ser anunciado. Essa não é uma fórmula mágica, mas o fruto de uma prática espiritual compromissada.

# A ILUMINAÇÃO

Esse mundo que você conhece foi engendrado pela deslealdade consigo mesmo. É um mundo triste, derrotado, destituído de espírito. Aqueles que tentam redimi-lo concentram-se na deslealdade das outras pessoas, legislando o vitimismo e fazendo do ataque um crime. Eles não sabem que o único ataque é o ataque contra si mesmo. E, se você castigar alguém por atacar a si mesmo, isso só serve para perpetuar o padrão de abuso.

Em vez de se investigar a ferida e descobrir-lhe as causas dentro da psique, a responsabilidade por causá-la é projetada em outra pessoa. Cria-se um bode expiatório. Outro cordeiro é enviado para sacrifício porque o ser humano não tem a força e a coragem de olhar para o seu mundo interior.

Enquanto continuar responsabilizando o objeto pelo comportamento do sujeito, você estará agindo de acordo com a filosofia do "olho por olho, dente por dente". Isso não trará paz nem a você nem a ninguém.

Você realmente acredita que alguém possa ser vítima ou fazer alguém de vítima sem trair a si mesmo? É impossível. Todo abuso é um abuso contra si mesmo, não importa se você é quem aparentemente sofre o abuso ou quem o comete.

Por que, eu lhe pergunto, você tem mais compaixão pela vítima do que pelo algoz? Não será porque você não vê o algoz como uma vítima também? Ou porque você não vê a vítima como um algoz também?

A redenção não é possível enquanto você encarar tanto a vítima quanto o algoz como o objeto, como o outro. Ambos são sujeitos. Ambos são o eu.

Ambos consistem no eu buscando a si mesmo por meio do outro. Ambos estão enganando a si mesmos.

Tanto a vítima quanto o algoz clamaram um pelo outro. E, quando eles atenderam a esse clamor, fizeram isso com convicção. Sejam gratos, pois vocês representaram um para o outro um chamado do despertar, vocês mostraram um para o outro a deslealdade com relação a si mesmos. Só é preciso reconhecer isso.

Se queremos uma sociedade cheia de compaixão, temos de ajudar as pessoas a reconhecer e a assumir a responsabilidade. Temos de fazer isso com profunda gentileza e compaixão. Não queremos "culpar a vítima" ou "justificar os atos do algoz". Só queremos que ambos usem a oportunidade para aprender a respeitar um pouco mais a si mesmos.

Todos os problemas sociais são causados pela desonestidade com relação ao eu. No entanto, não se fala dessa desonestidade nas escolas e nas igrejas. A mais importante de todas as disciplinas não é objeto de estudo.

Isso talvez aconteça porque você mesmo não compreende essa disciplina. Mas isso está mudando. Estão chegando ao fim os tempos em que o sintoma recebe mais atenção do que a causa. À medida que os sintomas se proliferam e desafiam qualquer tratamento, a atenção vai se desviando para a causa da doença.

Enquanto você tiver medo de olhar a escuridão, a luz não surgirá. Enquanto você negar o eu buscando-o por meio do outro, você terá transgressões e abusos. Se você quer amor, dê amor àquelas partes dentro de você que não se sentem amadas. Se você quer luz, leve-a até os recantos obscuros da sua mente. Ilumine o medo e a vergonha, a tristeza, a falta de propósito ou de esperança.

Essa luz está dentro de você. Ela não está separada da escuridão. Ela é uma qualidade da própria escuridão. Quando você chegar à total escuridão, encontrará a iluminação. O negro mais profundo fica radiante. A tristeza se transforma numa alegria infinita. O desespero se torna esperança sem medida. Num pólo, você encontrará o outro. Aventure-se na escuridão e a luz será revelada. Mergulhe na luz e as sombras surgirão.

Tanto a luz quanto a escuridão são necessárias. Para ir além da dualidade, você tem de vivê-la plenamente. Você tem de ver como cada pólo reside no seu oposto e está ligado a ele. Você tem de compreender o jogo cíclico das energias.

Enquanto achar que a realidade é linear e seqüencial, você vai se deparar, na sua experiência, com acontecimentos e circunstâncias que parecem não ter nenhuma relação. Eles têm relação, mas o modo como você os encara faz com que não pareçam ter.

Quando chega no âmago do seu conflito e da sua confusão, você transcende os limites do pensamento linear. Você vê que a realidade é circular, que o interior e o exterior estão em constante diálogo e que tudo o que acontece é um espelho.

Se conseguir ficar nesse espaço sem precisar defini-lo ou explicá-lo — sem evocar outra vez a mente linear —, você conseguirá também remover o véu da projeção e da interpretação e comungar diretamente com a sua experiência, à medida que ela se desdobra. Quando isso acontece, você pára de perguntar "O que isso significa?" e simplesmente aceita o significado que lhe é inerente. Sem a interferência de filtros verbais e conceituais, esse significado pode se revelar energeticamente na sua vida. Dessa maneira, você supera naturalmente a dificuldade e a luta, sem saber necessariamente como ou por que isso aconteceu.

A principal mudança, nesse caso, é o fato de desviarmos a atenção da percepção orientada para o objeto. Deixamos de jogar sobre os ombros das outras pessoas a responsabilidade pela nossa experiência, sejam quais forem as circunstâncias. Nós reparamos nos que os outros fazem ou deixam de fazer, mas evitamos fazer interpretações. Em vez disso, focamos a nossa atenção na tarefa de testemunhar os nossos pensamentos e sentimentos, a cada momento. Observamos os nossos julgamentos e interpretações e vemos como eles suscitam os nossos estados emocionais e como esses estados evocam lembranças e idéias do passado.

Observamos sem tentar decifrar ou entender nada. Só aceitamos a nossa experiência. E, aos poucos, percebemos que estamos mais presentes e mais centrados em cada momento. O ritmo da nossa vida desacelera, pois paramos de tentar fazer as coisas acontecerem.

Nosso relacionamento com nós mesmos e com a nossa experiência passa a ser outro. Não precisamos mais ser os "agentes" da nossa vida. Não temos mais de planejar nossos horários e programas de ação. Tudo isso pode ser deixado de lado. Agora somos simplesmente pessoas que "aceitam" a própria experiência.

Em outras palavras, paramos de abastecer o tanque e o carro acaba por rodar sem combustível. Paramos de fazer projeções e as que restam vão diminuindo naturalmente até acabar. Paramos de buscar o nosso eu nos outros e nos ligamos ao eu que precisamos encontrar.

Nada disso acontece de um jeito linear. Para cada passo que avançamos, retrocedemos dois. No entanto, ao contrário do que podemos imaginar, isso é progresso. Se for para darmos um passo à frente, vale a pena voltar cem. Essa é a natureza do processo de aprendizado. Toda vez que você aceita a verdade, anos de crenças falsas ficam para trás.

## SOZINHO, COM O
## CORAÇÃO ABERTO

Quando você finalmente descobre que ninguém mais pode trair você, o seu relacionamento com o seu irmão muda profundamente. Ele deixa de ser aquele que fere você ou que o trata injustamente. Nem é mais aquele que salva você ou faz com que se sinta melhor com relação a si mesmo.

Como você pára de reverenciá-lo ou de fazê-lo de bode expiatório, o significado que ele tem na sua vida diminui enormemente. Ele passa a ser simplesmente um companheiro de viagem, um vizinho. Você está disposto a ajudá-lo de vez em quando ou a receber a ajuda dele. Mas você não quer mais depender dele ou que ele dependa de você.

Uma noção nova e saudável de fronteiras pessoais se estabelece em todos os seus relacionamentos. Você passa a ser capaz de ser amigo e de receber os frutos da amizade com as outras pessoas. Mas o seu interesse no seu irmão ou irmã não é mais intrusivo. A sua felicidade não depende do modo como ele reage a você.

Quanto mais você se estabelece em si mesmo, mais liberdade dá aos seus irmãos e irmãs. Eles não precisam mais ser perfeitos aos seus olhos. Você testemunha suas deficiências e enganos sem julgá-los com severidade. Você vê a sua beleza e integridade sem invejá-las ou querê-las para si.

Quanto mais você reivindica a sua liberdade de ser quem você é, mais fácil fica franquear essa mesma liberdade aos outros. Você não exige mais a atenção das outras pessoas nem busca mais relacionamentos que fariam exigências superficiais com relação ao seu tempo ou atenção.

Quando está sozinho, você permanece aberto às outras pessoas. Quando está com alguém, isso não faz com que você se distancie do seu centro.

Como você oferece espontaneamente aos outros o que tem, nunca lhe falta companhia. Por outro lado, você nunca sai em busca de companhia para se sentir preenchido.

Assim, a sua solitude aprofunda a sua ligação com o eu, sem fechar o seu coração. Você se mantém aberto e receptivo, sem se envolver nos dramas de auto-abuso das outras pessoas.

## CASAMENTO
## *VERSUS* CELIBATO

O estabelecimento do eu é o verdadeiro significado do celibato. Ele nada tem a ver com abstinência sexual. Você pode ser sexualmente ativo e mesmo assim ser celibatário, desde que não haja compulsão ou fingimento nessa atividade sexual.

Quando somos celibatários não prometemos a ninguém um relacionamento exclusivo. Você faz votos de respeitar a si mesmo e de dizer sempre a verdade. Se vai para a cama com alguém hoje, isso não significa necessariamente que queira viver com essa pessoa. Não significa necessariamente que você esteja física ou emocionalmente comprometido com essa pessoa no momento. O seu compromisso é viver esse relacionamento à medida que ele se desenvolve, sem tentar compartilhar a sua vida com o outro.

A pessoa celibatária não está em busca de casamento. Ela optou por ser solteira porque fez dessa condição o seu caminho espiritual. Ser solteira pode significar não ter sexo com ninguém ou ter sexo com um ou mais parceiros, de comum acordo.

Como a maioria das pessoas exige um certo tipo de compromisso quando têm um relacionamento sexual, a atividade sexual tende a ser confinada ao casamento ou a outro tipo de compromisso. É óbvio, no entanto, que, para algumas pessoas, esse compromisso não é muito profundo ou duradouro. Muitas pessoas casadas têm casos extraconjugais, fazem troca de casais, apreciam pornografia ou têm sexo fora do casamento. Isso só reforça o fato de que ser fiel a outra pessoa é impossível se você não é fiel a si mesmo.

As pessoas celibatárias optam conscientemente por viver sozinhas. Elas deixam bem claro, para os seus parceiros em potencial, a sua decisão de não se casar nem viver com outra pessoa. Elas optam por viver sozinhas porque suas atividades criativas e/ou práticas espirituais exigem a maior parte do seu tempo e atenção, e a decisão de morar com outra pessoa seria inviável ou pouco inteligente.

O celibato não é certo nem errado. Ele é um caminho espiritual, enquanto o casamento é outro. Ambos têm desafios e recompensas. Além do mais, durante o curso da vida, uma pessoa pode optar por se casar primeiro, depois por praticar o celibato, ou o contrário. Essas escolhas são progressivas. A sociedade faria um grande bem se reconhecesse a importância de diferentes modelos interpessoais, à medida que as pessoas passam pelas inevitáveis mudanças dos ciclos da vida.

De todas as opções disponíveis, a abstinência é a que menos chance tem de ser bem-sucedida. É trágico que a Igreja imponha esse sacrifício ao seu clero. Muito poucas pessoas suportam a abstinência sexual. Aqueles que tentam e descobrem que não são capazes de mantê-la acabam por adotar comportamentos secretos, furtivos e abusivos, para se satisfazer e manter sua posição. Veja quantos casos de pedofilia e de outras agressões sexuais solapam a autoridade da igreja nos tempos de hoje.

É preciso que abusos como esses venham à luz. É preciso que todas as religiões reflitam sobre as suas posições com relação tanto ao celibato quanto à abstinência. Pois um sacerdote pode, de boa-fé, optar por se casar — ser, para a sua congregação, um modelo de bom marido — ou por ficar solteiro e celibatário — sendo, para o seu rebanho, um modelo de visionário ou místico solitário.

À medida que você começa a entender melhor a essência do celibato, novas opções vão surgindo para as pessoas que se sentem atraídas por esse modo de vida. Surgirão mosteiros em que homens e mulheres poderão viver juntos, num estilo de vida não-tradicional, a serviço de Deus.

No final, a forma que a sua vida assume não importa tanto quanto o compromisso que você tem com a verdade e com a honestidade. É muito melhor ter uma vida não convencional e honesta do que uma vida tradicional crivada de segredos e mentiras.

Quando a forma não expressa o espírito que nele habita, ela se torna uma prisão. Quase todas as instituições do mundo, tanto as religiosas quanto as seculares, tornaram-se restritivas e perniciosas. É melhor abrir mão da forma enquanto a essência pode ser recuperada. É melhor entrar em sintonia com o espírito e reconstruir a forma com criatividade e cooperação do que deixar o espírito morrer por falta de visão.

Caso você tenha dúvidas, deixe-me dizer que existe muito trabalho a fazer. Para que você não pense que a sua vida não tem nenhum propósito, deixe-me lembrá-lo de que sempre que sentir dor, dificuldade ou necessidade de lutar, significa que você não está cumprindo o seu propósito. Como você está optando por se olhar com respeito, o mundo mudará. Essa é a promessa da sua vida. Que você possa acordar para ela e cumpri-la com entusiasmo, dignidade e respeito por si.

## CRIATIVIDADE E CONFORMIDADE

Ninguém lhe diz que você tem de se ajustar aos valores e padrões da realidade dominante à sua volta, no entanto, você se ajusta a eles. O seu grande desejo na vida é se entrosar com as outras pessoas e ser aceito por elas. Mesmo que você esteja se expressando criativamente de modo autêntico, você ainda assim se preocupa com o que as pessoas pensam. Você ainda quer que elas comprem os seus livros ou quadros. Você ainda precisa sobreviver.

O pensamento de abundância não ajuda você a pagar as contas. Prometendo resultados imediatos e espetaculares, ele só pode levar você à decepção.

Quando você corta a madeira no sentido contrário ao fio, a fricção fica evidentemente maior. Se você desafia os valores, os padrões e os pontos de vista da realidade dominante, não pode esperar apoio financeiro.

Os trabalhos originais são revolucionários. E quanto mais fé você tem na sua própria idéia criativa, mais tende a explorar territórios desconhecidos. O verdadeiro artista — e cada um de nós é um verdadeiro artista quando nos respeitamos — está à frente do seu tempo. Ele não age de acordo com o mundo lá fora. Ele não faz com que o seu trabalho se curve às exigências e expectativas do mercado. E desse modo ele reivindica uma liberdade que cada um de vocês um dia também reivindicará: a liberdade de ser e de se expressar plenamente.

No entanto, a auto-expressão, propriamente, é só metade da história. A pessoa pode ser criativa, mas ter o coração fechado. A auto-expressão sem retorno é solipsismo. Não é diálogo com ninguém. Não é uma tentativa de se comunicar. Sem comunicação e diálogo, o trabalho criativo não prospera. Ele se volta para si mesmo. Torna-se uma linguagem particular. É um tipo de masturbação mental.

É preciso evitar os extremos da licença poética e da conformidade artística. A primeira impede que o público chegue até a obra. O segundo mantém o artista num confinamento.

Não se engane, a sua obra criativa não tocará as outras pessoas se você não usar uma linguagem vernacular. Se quer mesmo envolvê-las e se comunicar com elas, você tem de usar uma linguagem que as pessoas entendam.

Isso não significa que você tenha de conformar o seu trabalho a alguma expectativa abstrata que você acha que os outros tenham. Isso só serviria para criar obstáculos ao seu processo criativo. O seu trabalho toca o seu coração. Você fala de modo franco e direto, assim como gostaria que falassem com você.

Não existe nenhuma afetação, nenhum artifício, nenhuma pose no seu trabalho. Não existe nenhuma pretensão de ser o que você não é. Existe apenas o desejo sincero de compartilhar a sua experiência.

Esse trabalho autêntico lhe garantirá o seu sustento? Talvez sim, talvez não.

Numa sociedade iluminada, todo trabalho autêntico será prestigiado. Mas o mundo em que você vive ainda não chegou a esse ponto de confiança e investimento no processo criativo.

O que você não pode fazer é negar o aspecto criativo do seu ser só porque ele não lhe garante nenhum rendimento. Isso seria uma deslealdade consigo mesmo.

Encontre uma forma de dar tempo e espaço para a sua auto-expressão criativa. Reserve para si uma hora ou um dia por semana. Assuma um compromisso firme com o seu próprio processo criativo. Faça com que ele adquira um ritmo. Faça dele um ritual para reverenciar a si mesmo. Faça com que ele passe a fazer parte da estrutura da sua vida.

A auto-expressão é essencial para que você se respeite. É preciso que você não só tenha tempo para integrar a sua própria experiência, mas também para reagir a ela. E essa reação consiste no convite que ela faz às outras pessoas para que dialoguem com ela. Esse é o gesto que forma a comunidade.

Ninguém nasceu para viver isolado. No entanto, todo mundo nasceu para se expressar com franqueza. O desejo de aprovação impede que a pessoa se expresse com essa franqueza. Ela é sempre suave e apologética. Ou, senão, tem necessidade de chocar. Ela é sempre dura e agressiva, afastando as outras pessoas. Os dois comportamentos são aspectos da busca por aprovação e são adotados em antecipação à reação das outras pessoas.

A expressão autêntica nunca é agressiva ou apologética. Ela expõe o seu ponto de vista de modo simples e convida ao diálogo. Ela constrói pontes entre as várias idéias que as pessoas têm da experiência. Ela estimula o crescimento e a intimidade.

Sem a plena realização da criatividade de cada pessoa, a vida social fica entorpecida, restrita e entediante. Ela cava a sua própria cova. Não existe nenhuma centelha de luz, nenhuma energia, nenhuma diversidade ou intercâmbio.

Uma família ou sistema educacional que não promove a criatividade e o trabalho em grupo não cumpre a sua função. Numa sociedade iluminada, as crianças são incentivadas a respeitar o processo criativo e a respeitar o dos outros. Dá-se espaço para o trabalho consigo mesmo e para as atividades em grupo.

Se você quer melhorar a vida dos seus filhos, comece valorizando o seu próprio processo criativo e dando apoio a eles e ao seu parceiro para que valorizem o processo deles. Não se perca na tribulação do dia-a-dia. Reserve um espaço na sua vida para valorizar o eu e para compartilhar os frutos da reflexão e da auto-expressão.

Quanto mais você confia no seu processo criativo e procura respeitar o processo das outras pessoas, mais condições terá de ajudar a criar um mundo mais saudável e amoroso. E quanto mais você fizer da autovalorização um ritual na sua vida, mais apoio o seu processo criativo receberá.

Esse apoio não surge da noite para o dia, ao contrário do que dizem as promessas dos profetas da abundância. Ela se desenvolve com o tempo, na medida em que o compromisso com o eu cria raízes e se aprofunda no terreno do ser.

Como sempre, as ações falam mais alto do que as palavras. A menos que você pratique aquilo em que acredita, isso terá pouco significado na sua vida.

# 10

# Consciência

## O ANJO FERIDO

As feridas são ilusões que precisam ser corrigidas. O truque é não negar a ferida, mas encará-la com amor. Quando a consciência do todo incólume e íntegro (o amor) é trazida para a parte machucada (não amada), a ferida desaparece.

As vítimas precisam de feridas para perpetuar o seu vitimismo. O apego à dor e à mágoa é uma condição da percepção do eu como vítima. Quando o eu deixa de ser visto como vítima, não existe mais apego à dor. A dor pode vir e ir embora. Mas a pessoa não encontra mais nenhum significado nela.

O eu não pode ser lesado pela experiência. Toda experiência contribui para o redespertar da memória do eu, absoluta, toda-abrangente e, portanto, inexpugnável.

Por causa da divisão em corpos, parece que existe mais de um eu, cada um deles com a sua própria identidade. No entanto, a realidade é que existe apenas um único eu e um único destino. Para descobrir esse eu único em si mesmo, a pessoa tem de se entregar à unicidade da sua experiência de vida. Ela tem de reivindicar o seu próprio processo autêntico e a sua própria jornada.

Quanto maior a sua individuação, mais perto a pessoa está de tocar a experiência universal. Todos que tocam a experiência universal, passando pela porta do eu, seguem diretamente para o coração. Eles não têm mais que conversar a respeito do amor ou do perdão. Eles são a própria essência do amor e do perdão.

Isso é uma indicação da completa futilidade que é seguir as idéias de outra pessoa ou usar a experiência alheia para validar a própria. Somente aceitando o que vem até você, de modo direto e experiencial, você encontrará a porta para o universal.

Isso talvez seja paradoxal. Para encontrar o universal, você tem de completar o processo de individuação. O que parece ser egoísmo, na verdade, leva à totalidade. E a totalidade é a porta para o eu único. Todos os ensinamentos acerca de auto-abnegação são falsos. Para ir além do eu pequeno, você tem de torná-lo pleno. Você tem de se recolher nele e superá-lo.

Não se negue a ter experiências. Isso só inibirá o seu progresso. Estenda os braços e abrace cada aspecto da sua experiência. Esse é o mecanismo que leva você ao final da trajetória.

Se você quer reivindicar a sua condição de anjo, tem de aprender a ser completamente humano, completamente autêntico, completamente presente na sua experiência e aberto a ela. Os anjos não são criaturas aladas de dois metros de altura. Eles são seres que aprenderam a se respeitar. Pelo fato de terem passado pela porta, eles podem segurar a porta aberta para que você passe.

Não veja anjos fora de si mesmo. Não será lá que você os encontrará. Eles vivem numa dimensão que você só pode tocar com o coração. Clamar pelos anjos é clamar por si mesmo em seu nível mais profundo.

A sua presença como um ser angélico se manifesta quando você desperta da ilusão do auto-abuso. Você se lembra, assim como Satã se lembra, de que você costumava ficar com Deus. Desde então, por causa da sua própria teimosia, você caiu em desgraça. Você tentou viver a sua vida sem deixar que o espírito assumisse o leme. Agora você sabe que isso não funciona. Agora a sua queda foi interrompida e você começa a sua jornada de volta a Deus.

Antes, porém, é preciso que você se livre de todo ódio que tem contra si mesmo, de todos os seus sentimentos de fracasso. Primeiro, você tem de

esquecer tudo o que você acha que é. Você não é má pessoa só porque cometeu erros, por mais que essas más ações tenham pesado na sua consciência. Você é simplesmente uma pessoa que tentou agir com independência antes de estar pronta para isso. Você foi embora de casa antes do tempo e meteu-se em apuros.

Crie coragem. Você tem pais amorosos. Volte para casa. Diga a eles que foi um erro sair de casa, que você não estava preparado para enfrentar os desafios do mundo. Eles entenderão. Eles lhe darão as boas-vindas. E, quando você sentir que está pronto para sair de casa outra vez, eles não o impedirão.

Quem pode impedir a cadeia do ser? Quem pode impedir você de sair de casa e optar pela encarnação? Não é possível deter aquele que está ávido por experiências. Ele sempre encontrará um caminho.

Você veio para este mundo achando que seria fácil, mas se enganou. O que parece ser uma suave subida pela colina do julgamento se transforma numa escalada extremamente íngreme. Algumas vezes você acha que não conseguirá. Então desiste cedo demais. Você abandona a sua experiência. Você pode até mesmo explodir os seus miolos! Mas isso não adianta. Sempre que se desvia do seu caminho, você tem de retomar a sua jornada nesse mesmo ponto. Não existem atalhos. Não há como pular as lições que você programou cuidadosamente para o seu despertar.

## REENCARNAÇÃO *ET AL*

A reencarnação, assim como ela costuma ser compreendida, não existe. Todas as encarnações são simultâneas. Todos os sonhos do eu estão presentes neste sonho. É por isso que não adianta se preocupar com o que você foi em alguma vida passada, a menos que essa lembrança volte à sua memória. Não existem vidas passadas, assim como não existem experiências passadas.

A crença no passado é o que limita a sua capacidade de ficar totalmente presente neste momento da sua vida. E essa presença é necessária se você quer despertar da ilusão do auto-abuso.

Você pode, a cada instante, libertar-se do passado ou se deixar escravizar por ele. Você pode, a cada instante, justificar o seu medo ou superá-lo.

Não saia em busca de lembranças do passado. Se elas virem à tona, reconheça-as, aceite-as e integre-as. Faça isso não para dar mais força ao seu passado, mas para concluí-lo, de modo que possa concentrar a sua atenção no presente.

Nada que afaste você da sua comunhão imediata com a vida serve para alguma coisa. Por outro lado, resistir a algo que quer emergir só servirá para afastar você ainda mais do presente.

O conceito de "passado" é simplesmente isto, um conceito. Uma maneira de descrever a experiência como algo linear, seqüencial, causal. Não é essa a natureza da experiência. Essa é simplesmente a descrição que se costuma dar a ela.

Na verdade, o passado não existe. Ele existiu um dia como um fenômeno presente, mas não é mais presente, exceto na medida em que você se prende a ele. Para trazer o passado para o presente, é preciso ocupar-se dele agora. Do contrário, ele pode ir embora. Depois que vai embora, ele deixa de existir na consciência. Quando se liberta do passado, você nem mesmo lembra do que aconteceu.

Se você não se lembra do que aconteceu, o passado de fato aconteceu? "Sim", você dirá, mas isso porque você está olhando de uma perspectiva histórica. Lembre-se daquela pergunta: Se uma árvore cai na floresta e ninguém a ouve cair, ela produziu algum som?

A resposta é não. Sem o experienciador, não existe experiência.

É por isso que perdoar a você mesmo funciona. Quando o experienciador pára de reviver a experiência, esta deixa de existir. E essa pessoa volta para o presente inocente e intacta.

Existem vidas passadas? Só se você se lembrar delas. E, se lembrá-las, você continuará a vivê-las até que perdoe a si mesmo.

A chave de tudo isso é simples: não junte lenha caso você não queira fazer uma fogueira. Não mexa a panela caso não queira sentir o aroma do guisado. Não evoque o passado caso não queira dançar com ele.

Mas, se a sua casa está pegando fogo, você tem de juntar as suas coisas e sair dali. Se o guisado está borbulhando no fogo, é inevitável que você sinta o seu aroma. Se o passado está dançando no seu espelho, não adianta fingir que você está no *samadhi*.

Resistir à experiência só servirá para criar infindáveis desvios. Mas a busca por essa experiência surte o mesmíssimo efeito.

Não resista. Não busque. Apenas dê atenção ao que vem à tona quando se deparar com isso.

Não tente salvar o mundo. Não tente salvar ninguém. Não tente salvar a si mesmo. Tudo isso é busca. Tudo isso só lhe dará mais trabalho.

Não nasça. Não vá à escola. Não se case. Não tenha filhos. Não arranje um emprego. Não fique doente. Não morra.

Se tiver uma chance, não faça nada disso. Não busque fora de si mesmo.

Mas, se nascer, se for à escola, se casar, se tiver filhos, se arranjar um emprego, se ficar doente e morrer, então faça tudo isso com a maior consciência possível. Aprenda tanto quanto puder com cada experiência. Mergulhe de cabeça.

Como você tenta resistir à sua experiência, ela chuta o seu traseiro!

Ninguém encarna na Terra com um prato vazio. Todo mundo tem pelo menos alguns restos para digerir. (Alguns têm refeições compostas de sete pratos! Mas eu não vou apontar o dedo para ninguém. Você vai?)

Não desanime por causa disso. Já que todo mundo tem de enfrentar o que tem no prato, faça isso da maneira mais feliz possível.

Não interfira na vida dos outros ou o seu prato ficará mais cheio ainda. Não se preocupe com o que os outros estão fazendo ou deixando de fazer. Não forme nem sequer uma opinião a respeito. Simplesmente deixe para lá.

Se alguém convida você para jantar, sente-se com essa pessoa, mas não coma nada. Diga a ela que você está de jejum ou, se tiver de comer, traga a sua própria comida.

Não pegue a experiência de ninguém emprestada. Não tente dar a ninguém a sua própria experiência.

Você acha que vai ter algum mérito por limpar o seu prato se outra pessoa tiver feito isso por você?

Supere a co-dependência e assuma a sua vida. Durma na sua própria cama. Prepare a sua própria comida. Limpe você mesmo o seu prato. Acostume-se a cuidar de você mesmo e deixe que os outros façam o mesmo.

Vidas passadas? Anjos? OVNIS? Astrologia?

Dê um tempo! Dê a si mesmo um tempo!

Não desperdice o tempo da sua encarnação tentando encontrar um significado intelectual e um contexto para a sua experiência. Isso não compete a você. A sua tarefa é simplesmente ficar presente na sua experiência. Pare de buscar. Pare de resistir. Assuma a sua vida e viva-a do modo mais pleno e magnífico possível. Então, eu garanto, eu serei o seu maior fã.

## SISTEMAS DE CRENÇA

Nada crucificará você mais rápido do que os seus próprios pensamentos. O melhor seria não pensar em nada, caso você consiga.

E, se não conseguir, se tiver de pensar, pense em coisas simples. Pense sobre lavar os pratos ou lavar a roupa. Pense nas coisas que precisam ser feitas. E então deixe a mente livre de pensamentos.

Tudo o que você acredita sobre a natureza da sua existência mantém você limitado ao passado. Se quer viver o presente incondicionalmente, deixe de lado todos os conceitos que tem sobre ele. Fique simplesmente presente na sua vida, à medida que ela se desenrola.

Observe a tendência da mente de tentar entender tudo. Observe como ela tenta estruturar e planejar. Até mesmo quando a experiência invalida todas as teorias a respeito dela, observe como a mente continua revisando, traçando e retraçando diagramas. Observe como ela tenta conciliar possibilidades inconciliáveis. Observe como ela resvala facilmente para a oposição e para o conflito.

A mente está sempre buscando o fio da meada para pode continuar criando o roteiro da sua vida ou, pelo menos, para manter a ilusão de controle. Mas o mais interessante é que não existe roteiro nenhum. Ou, se existe, o experienciador faz parte dele, de modo que provavelmente não tem condições de avaliá-lo.

Esse observador só conhece a si mesmo por meio do que observa. Ele não pode ver o que não existe. Essa é a limitação inevitável da existência manifesta.

Se você conseguisse ver esse roteiro, poderia desfazê-lo. Poderia dizer a todos os seus amigos, "Isso tudo é uma enganação. Não existe mundo nenhum, céu nenhum, nascimento nenhum, morte nenhuma, eu nenhum, outro nenhum, ego nenhum, Deus nenhum, nada". Você pode imaginar como isso seria constrangedor para quem está no poder? Até o meu emprego estaria ameaçado. Eu poderia ter de me aposentar antes do tempo!

Não que eu não faria isso. Eu ficaria contente também de poder diminuir o ritmo, sabendo que você também saiu da cruz proverbial. Seria um grande alívio para todos os envolvidos.

Mas você não pode fazer isso ainda. Você ainda é o observador. Você ainda está limitado pelo que vê.

"Bem, eu simplesmente fecharei os olhos para tudo", você diz. Mas de que adiantaria isso? O seu medo de olhar não vai tirar os objetos da sua frente. Eles vão ficar ali, mesmo que você pare de olhar para eles. E, se você fingir que eles não estão ali, logo que começar a se mover, trombará com eles.

Algo muito mais radical é necessário se você quer superar os limites da sua percepção. Algo que lembre uma prática espiritual, talvez.

Tente esta: "O que eu vejo é um espelho mostrando-me aquilo em que eu acredito. Tudo o que acontece na minha vida é um reflexo de alguma crença que eu tenho acerca de mim mesmo".

Experimente dizer isso para si mesmo cada vez que começar a levar a sua vida ou a vida de outra pessoa a sério demais. Diga isso quando estiver sofrendo e sentindo que não consegue dar outro passo. Diga isso quando estiver apaixonado e não conseguir esperar mais nem um minuto pela pessoa amada.

Abra os olhos enquanto vive a sua experiência. Não caia no sono. Não finja que você sabe o significado de alguma coisa. Só se lembre de que tudo o que acontece é um reflexo de uma crença que você tem. Só olhe, sem julgar. Olhe em simples aceitação. Olhe com entrega.

Você é o observador, mas também está sendo observado. Você também está sendo vigiado, neste exato instante.

Quem está vigiando você?

Eu lhe asseguro de que não é o Big Brother.

É como uma pedra quicando na superfície de um lago. Você vê a pedra, mas não vê quem a atirou.

Você vê as ondulações na água, mas não sabe quem as causou.

Quem é que está vigiando? Quem é você?

Você é o observador ou o observado? Ou ambos?

Se ninguém ouve a árvore caindo na floresta, ela faz algum som?

Que som tem uma mão batendo palmas?

Lembre-se, você não vai entender nada disso, basta que fique presente e deixe de lado todas as interpretações. Deixe de lado os seus dogmas e os seus ismos. O único ismo de que você precisa é o que você é, e no devido tempo esse também deixará de existir. Toda identidade emprestada terá de desaparecer. Só restará o ser nu: Adão, sozinho no paraíso, diante de Deus.

## DIVINIZANDO

É inevitável que você queira saber o que acontecerá no futuro. É da natureza do ego querer estar preparado para enfrentar a sua experiência. Ele se sente mais seguro se souber das coisas.

No entanto, isso nem sempre o deixa mais seguro. Às vezes, o fato de saber de antemão o que acontecerá causa mais medo ainda.

Imagine, por exemplo, que você vá manifestar um câncer aos cinqüenta anos. Você tem quarenta agora. Será que você gostaria de saber da doença antecipadamente? Saber disso lhe ajudaria em alguma coisa?

Saber algo assim só pode deixá-lo com mais medo. Você gostaria de passar dez anos com medo ou preferiria enfrentar a situação no momento oportuno?

É claro que esse exemplo não é muito bom. São muito raras as ocasiões em que você pode saber o que acontecerá daqui a dez anos. Os acontecimentos da sua vida não são predestinados. Eles são resultado da experiência ou do diálogo entre as suas crenças e as possibilidades que lhe cercam. Escolhas diferentes levariam você a outros resultados.

Além de não saber o que vai lhe acontecer no futuro, você também não sabe que significado você dará a esses acontecimentos. Se você encara um câncer como um chamado do despertar para dar outro rumo à sua vida, essa doença terá um significado bem diferente do que se você a encarasse como uma sentença de morte. O modo como você reage a um fato (a experiência interior) é tão importante quanto o fato em si (a experiência exterior).

Uma vez que toda atribuição de significado é subjetiva, as pessoas reagem a circunstâncias externas semelhantes de maneiras muito diferentes. É por isso que você nunca pode adivinhar o que algo significará para outra pessoa. Algo que desperta numa pessoa compaixão pode despertar raiva e ressentimento em outra.

Entender a natureza subjetiva da experiência é muito importante para o discernimento espiritual. As pessoas não podem controlar o que acontece a elas no presente em conseqüência de escolhas inconscientes feitas no passado. Toda pessoa vive no fluxo kármico da sua vida e, embora certas experiências possam ser perfeitas para a evolução da alma, elas nem sempre são compreendidas conscientemente ou apreciadas.

A pessoa espiritualizada aprende a se render cada vez mais à sua experiência. Quando surgem situações que parecem atacá-la, ela se volta para dentro para ouvir a mensagem ocultada pelo véu das suas reações subjetivas. Ela procura reconhecer o valor e o potencial da alma para aprender com cada situação. Ela se empenha não para tentar manipular a sua experiência e alcançar os resultados almejados para o ego, mas, isto sim, para comungar com a sua experiência e aprender do modo mais profundo possível as lições que ela traz.

A vida dessa pessoa é um diálogo interior e exterior, entre o que ela vê e o que ela sente a respeito, entre a experiência e a interpretação que ela lhe dá. Cada vez mais, ela aprende que o seu sofrimento não é causado pelo que lhe acontece, mas pela sua reação subjetiva ao acontecimento. Ela não é crucificada pelas outras pessoas ou por algum fato externo, mas pelo significado que ela mesma dá ao que acontece.

A coisa mais difícil deste mundo é ver o ataque das outras pessoas como um pedido de amor ou de apoio. A pessoa só consegue fazer isso se não se concentrar nas ações do atacante, mas na sua própria resposta a essas ações. Quando investiga o seu próprio medo ou raiva, ela passa a ver a situação diante dela com mais sensibilidade. Olhando para dentro e para fora, ela vê como o medo desperta raiva e como a raiva desperta o medo. A pessoa avalia o seu próprio papel como participante no drama humano mais amplo. Vendo a si mesma no outro e o outro em si mesma, a compaixão lança raízes no seu coração e se estende sutilmente na direção da outra pessoa.

A pessoa espiritualizada não procura ninguém para condenar ou para fazer de bode expiatório. Ela não tenta responsabilizar ninguém pela sua própria experiência. Ela não acusa Deus de tê-la castigado.

O compromisso dela com o caminho espiritual começa quando ela estabelece uma trégua com Deus. Ela concorda em não fazer de Deus o único responsável pela sua experiência. Ela aceita dividir essa responsabilidade com Ele. Ela sabe que a sua reação ao que acontece determina o significado básico desse acontecimento, de modo que ela e Deus travam um diálogo a respeito de tudo o que acontece na vida dela.

Isso significa que às vezes ela é grata a Deus e outras vezes fica louca com ele. Isso faz parte do seu diálogo com o divino.

Sempre existe uma parcela da sua experiência que ela acha inaceitável. Sempre existe algo a que ela oferece resistência. Sempre existe um aspecto da experiência em que ela olha interiormente e não consegue ver nada, em que ela não consegue responder pelos seus atos nem aceitar responsabilidade. Esse aspecto é justamente a ponta de lança do seu crescimento espiritual nesta vida.

Não importa o quanto ela esteja confusa, resistente ou zangada com Deus; ela continua seu diálogo com Ele. Continua a buscar formas de olhar mais fundo e aceitar a sua vida mais plenamente.

Aos poucos, ela consegue se concentrar no momento presente. Aprende a ficar totalmente presente. Mesmo que isso signifique ficar com raiva ou triste. Ela encara a sua experiência sem dar desculpas.

Ela encara a sua experiência mesmo sem saber o que ela significa ou o que sente a respeito. Ela encara o momento presente e diz a verdade do modo como a vê. E ela sabe que essa verdade só vale nesse momento e pode não ser mais verdade no momento seguinte.

Ela sabe que Deus só espera uma coisa dela: a disposição para ficar no presente, a disposição para manter o diálogo. Deus não teme a sua raiva ou o seu pesar. Isso não a diminui aos olhos dele. Ele não pede que ela se comporte de uma determinada forma. Ele só pede que ela agüente firme e se disponha a aprender.

O maior obstáculo ao relacionamento com Deus é a crença de que você sabe das coisas. Essa crença faz de você um prisioneiro da sua própria interpretação subjetiva. O que você supostamente sabe é apenas o seu medo se impondo.

A sua descrição da realidade não é a realidade. A necessidade que você tem de limitar a realidade para que ela se molde às suas crenças sobre ela, e que são todas baseadas no medo, não constituem um "saber". O que você chama de "saber" consiste apenas em discriminação, preconceito, julgamento.

Quando os seus julgamentos se fazem passar pela verdade, você engana todo mundo, incluindo você mesmo. Você fecha o canal para o divino. Você fecha as portas para Deus. Você diz, "Cale a boca, Deus! Eu sei o que estou fazendo."

Felizmente, Deus tem paciência, compaixão e um grande senso de humor. Assim, a resposta dele é a seguinte: "Sinto muito, eu não percebi que você era o campeão de xadrez do cosmo. Peço perdão e me disponho a esperar até que solicite a minha presença".

Essa resposta é um pouco sarcástica, talvez, mas vai direto ao ponto. Deus nunca demonstra mais orgulho que você, nem castigará você por isso, ao contrário do que se diz por aí. Diante do seu orgulho, Deus simplesmente sai do caminho e espera até que você recupere a razão.

Como todo projeto que você empreende sem Deus está fadado ao fracasso, Ele raramente tem de esperar muito tempo até que você volte a recorrer a Ele. Ele sabe disso. É por isso que Ele mostra tanta paciência e bom humor diante da sua inconstância e infidelidade.

Quando os pais compreendem os erros do filho, sem levá-los para o lado pessoal, conseguem ser pacientes e bondosos. É só quando eles se sentem desvalorizados, criticados ou atacados que eles interferem negativamente na experiência de aprendizado do filho.

Felizmente, Deus não se sente desvalorizado e sabe que ele não pode ser atacado. Isso todos nós temos de aprender com Ele. Até que aprendamos isso, não podemos assumir o nosso lugar ao lado dele.

A vontade de saber o que não sabemos é essencial para o caminho espiritual. Mas o conhecimento espiritual é diferente daqueles que costumamos ter. Não se trata do conhecimento que nos torna capazes de manipular ou controlar a nossa vida ou a vida dos outros. Nem do conhecimento que nos permite prever os acontecimentos ou interpretar o significado deles. Trata-se do conhecimento que nos leva a olhar para dentro de nós mesmos, a ver o véu das nossas reações subjetivas, a aprender a apreciar a essência da vida, sem nos prender ao significado que damos a ela.

O conhecimento espiritual é obtido quando desistimos do que pensamos que sabemos e nos rendemos ao que é. Ele é mais um desconhecimento do que um conhecimento, mais um esvaziamento do que um acúmulo.

O saber espiritual não é um fenômeno do lado esquerdo do cérebro. Ele não racionaliza nem interpreta. Ele não é sistemático ou causal. Ele não separa o conteúdo da forma ou o interior do exterior.

Muitas pessoas tentaram chegar ao divino usando sistemas do lado esquerdo do cérebro e invariavelmente acabaram de mãos vazias. Todos os sistemas intelectuais — os tarôs, as cabalas, as numerologias, as astrologias, etc. — são limitados e limitantes. Eles alimentam a ilusão do ego de que tudo ele compreende, e aumenta a arrogância espiritual.

Usados para divinação — para proporcionar orientação acerca do momento em que vivemos —, os sistemas simbólicos podem ser úteis. Mas essa orientação acerca do momento presente nem sempre é relevante para atender às exigências do momento seguinte. A tentativa de "congelar" a realidade, que é dinâmica e está sempre em mutação, para que ela se adapte a um ponto de referência externo, só serve para que percamos o contato com o fluxo da espontaneidade e da graça.

O desejo de adivinhar as coisas antes que elas aconteçam é uma das defesas do ego contra a verdade. É preciso abrir mão dessa defesa para que a verdade possa ser depositada nas suas mãos.

# A PRECE

A prece é um diálogo constante com Deus. É o processo pelo qual a pessoa continuamente se esvazia do que ela acha que sabe e se rende ao mistério que se apresenta no momento.

A prece não é uma súplica a Deus para que Ele possibilite certos resultados. Uma súplica é exatamente o que parece. Como você se sente quando está fazendo uma súplica? Como você acha que Deus se sente?

A criança que só resmunga nunca consegue a boa vontade ou a atenção sincera dos pais. Por que se dirigir a Deus como uma criança resmungona? Isso nem é eficaz nem o dignifica.

Se você quer que as suas preces sejam atendidas, dirija-se a Deus como quem se dirige a um pai amoroso ou mãe amorosa. Diga a Ele ou a Ela o que você está pensando ou sentindo. Admita os seus medos e os seus julgamentos e peça forças para vencê-los. Peça para enxergar além dos seus prejulgamentos e preconceitos e abra-se para a verdade. Peça para aprender a lição que a situação apresenta. Peça orientação, apoio, alívio do sofrimento. Peça pelo bem maior de todos os envolvidos.

E então se aquiete e confie em Deus. Deixe que a sua mente se junte à dele. Deixe que o seu coração se abra para o amor dele. Deixe que o entendimento chegue organicamente à medida que o seu coração e a sua mente se abram para uma realidade maior do que aquela que você é capaz de perceber.

Os seus pais divinos têm a resposta para o seu dilema. Basta que você abra o coração para eles e a solução brotará no seu coração.

E você saberá que se trata da solução, pois ela leva todo mundo em conta e resolve o seu conflito·interior. Você saberá que se trata da resposta porque o seu coração ficará mais leve. A energia e o otimismo voltarão a fazer parte da sua vida. Você respirará com mais facilidade. Esperará com prazer o desdobrar da realidade.

Esse tipo de orientação está ao seu alcance sempre que você rezar com fervor, sempre que abrir o seu coração para Deus e ouvir a resposta. A prece é um gesto de receptividade, de confiança, de pedido de ajuda. A orientação é a resposta divina. Ela lhe traz conforto, clareza e paz.

Se você já sabe qual será a resposta ou qual ela "deveria" ser, então você não conseguirá rezar de verdade. A prece nasce numa parte de você que nada sabe.

Se você rezou e as suas preces não foram atendidas, é porque você fez uma exigência ou não se rendeu mental ou emocionalmente. Você se aferrou à sua ferida ou às suas opiniões em vez de oferecê-las a Deus. Ou você rejeitou a resposta dele porque ela não estava de acordo com as suas expectativas.

Se você buscar a confirmação das idéias do seu ego por meio da prece, ficará desapontado. Se se dirigir a Deus, Ele lhe dirá a verdade. Ele não lhe dirá o que você quer ouvir.

A prece vitoriosa sempre leva você a um estado espiritual em que o seu coração e a sua mente ficam mais abertos do que antes. Ela sempre ajuda você a ver as coisas de modo diferente, mais generoso, mais amplo. Ela nunca está de acordo com a sua visão estreita, com os seus julgamentos ou com as justificativas de que você precisa para atacar ou se defender.

A prece é a disposição para receber as dádivas de Deus. É a disposição para receber o amor incondicional que Deus tem por você. É a disposição para ver que Deus aceita você assim como é.

Quando você entra no templo da prece, é abençoado além de qualquer medida. Você não conseguiria sair desse templo com sentimentos ruins com relação aos outros ou a si mesmo. Pois, ao entrar ali, você se entregou e, nessa entrega, você se livrou de todos os julgamentos que fez acerca de si mesmo e das outras pessoas.

Você pode rezar? Boa pergunta!

Está disposto a abrir mão do que acha que sabe? Está disposto a pensar na possibilidade de que possa existir um modo mais transcendente de encarar a sua situação na vida?

Caso não esteja disposto, então admita. Não se force a rezar. Espere até estar pronto. Então a prece terá integridade e você se abrirá para a sabedoria e a graça divina.

# O TRABALHO ESPIRITUAL

O mais profundo ensinamento que você pode ter acontece quando você tem uma reação forte a algo que alguém diz ou faz. Embora a sua tendência, numa situação como essa, seja se concentrar no comportamento da outra pessoa, a verdade é que a sua reação não tem nada a ver com a outra pessoa. A sua reação mostra o ponto em que *você* está em conflito, não a outra pessoa.

Todo conflito tem origem em algum tipo de culpa ou insegurança. Se você está se sentindo inseguro quanto à sua inteligência e alguém o chamar de burro, você ficará sentido ou irritado. A reação é causada pela sua insegurança. O que a provocou é irrelevante. Qualquer pessoa a poderia ter causado.

Se está tendo um caso com uma pessoa casada e se sente culpado por causa disso, você vai reagir quando alguém chamá-lo de traidor. A sua reação se baseará no fato de que você se sente um traidor; a outra pessoa só desencadeou essa reação. Se você não se sentisse um traidor, não reagiria de maneira defensiva ao comentário.

A necessidade de se defender vem da culpa que você sente. Quando atacado ou insultado por alguém, você só fica magoado ou com raiva se acha que o ataque é justificado. Você acha que fez algo errado e agora isso foi descoberto. Você sabe que merece ser castigado e a única coisa que pode fazer para evitar esse castigo é se defender.

A defesa é a admissão da culpa. Por que você se defenderia se não se sentisse culpado? Você se limitaria a rir e a dizer, "Boa tentativa, irmão".

Você não levaria o ataque para o lado pessoal. Você veria que a pessoa só está atacando a si mesma e que você foi o estopim desse ataque. Você saberia que a dor que essa pessoa sente não é culpa sua.

Toda dor ou insegurança que você sente com relação a si mesmo é um ponto fraco que outra pessoa pode atingir. O fato de outras pessoas tocarem esse ponto fraco não é, de modo algum, o que chama a atenção. O que chama a atenção é o fato de você culpá-las por isso.

Se você pendura no pescoço uma placa dizendo "Bata-me", é de surpreender que algumas pessoas a interpretem literalmente? É verdade que nem todos agirão assim. Algumas pessoas só rirão e seguirão em frente. Mas outras pararão e olharão para você ou o levarão a sério. Elas também têm uma placa no pescoço dizendo "Bata-me" e sabem como você se sente. Elas sabem que você precisa apanhar para se sentir melhor com relação a si mesmo. Você não tem sido um bom menino ou uma boa menina e precisa ser castigado. Elas ficarão satisfeitas em lhe fazer esse favor.

As pessoas que atacam você estão fazendo o que, na sua visão equivocada, acham que você quer que façam. Elas estão atacando você "pelo seu bem". Elas são sempre capazes de justificar seu comportamento com relação a você, assim como você também pode justificar o seu.

Nunca pense, "Isso é inaceitável. Não deveria nem poderia ter acontecido. Eu não permitirei". Se a pessoa que sofreu o abuso acreditasse nisso e comunicasse isso com franqueza, o abuso nunca teria acontecido. O abuso só acontece no espaço nebuloso da culpa e do castigo.

Tudo o que você tem de fazer para dar um fim na transgressão na sua vida é dizer, "Não estou gostando disso. Você pode parar?" Basta um simples pedido, mas você acha muito difícil fazê-lo. Por quê?

São muitas as razões. Talvez você seja uma criança sofrendo nas mãos de um adulto. O adulto ocupa uma posição de autoridade. Em geral é um pai ou mãe que você ama. Mesmo que você seja um adulto, os mesmos padrões estão em ação. Você quer o amor e a aprovação daquele que abusa de você, sem se importar com o quanto isso vai lhe custar, por isso você minimiza a dor ou a dissocia totalmente. Ou então você aceita que merece a dor, pois não se sente uma pessoa de valor.

Os adultos que são vitimizados tentam sentir novamente a dor causada pelo trauma de infância, de modo que possam romper os padrões de dissociação, recordar-se do abuso e tratar de modo consciente as suas feridas. É por isso que eles muitas vezes se casam com uma pessoa muito parecida com a que abusou deles. Só o agravamento da ferida pode rachar a carapaça da negação inconsciente. A liberação dos sentimentos reprimidos de raiva, culpa e ódio por si abre a porta para a cura e para a integração.

A deslealdade consigo mesmo tem muitas versões. É importante que você entenda a sua versão.

Culpar a pessoa que praticou o abuso contra você não vai libertá-lo do ciclo da violência, pois o padrão gera a si mesmo e jaz no nível inconsciente. Enquanto ficar no vitimismo e na culpa, você passará o padrão adiante, transmitindo a ferida de geração em geração. E tudo porque você não teve coragem de olhar para si mesmo.

Ao tornar o padrão consciente, você pode sentir plenamente o desrespeito contra si mesmo, perdoar-se e tomar a decisão consciente de não ser mais vítima. Isso, e somente isso, interrompe o ciclo de deslealdade consigo mesmo.

Seja qual for o caminho que você tenha escolhido para a dor — e existem muitos —, você sofrerá até que se volte para quem está abusando de você e diga, "Isso é inaceitável para mim. Eu quero que você pare agora". Você deve dizer isso sem nenhuma reserva. Tem de dizer claramente, "Eu prefiro perder o seu amor do que continuar desse jeito".

Você tem de defender a sua posição.

Até que você tenha coragem de se apoiar, sempre haverá alguém que abusará de você. Na verdade, você continuará atraindo para você pessoas dispostas a cometer abusos até que decida que, para você, já basta. Então, toda vez que tocarem no seu ponto fraco, reconheça a dádiva que isso representa, pois é uma chance que lhe dão de se conscientizar do padrão de deslealdade consigo mesmo. Não culpe quem cometeu o abuso. Em vez disso, pergunte a si mesmo, "Por que eu me envolvi mais uma vez numa situação em que não sou respeitado ou ouvido?" Tome consciência do medo e do autojulgamento que marcam a sua vida. Veja o quanto a sua autoestima é baixa. Veja como você aceita o amor a qualquer preço. Veja como você vive reciclando o seu medo do abandono porque tem medo de olhá-lo de frente.

Pare com o jogo de reagir aos outros. Recuse-se a ser um objeto, mesmo que você tenha a impressão de que assim você consegue o que quer. Observe a sua experiência e aprenda com ela. Promessas de amor condicional não têm lhe acrescentado nada. O não cumprimento dessas promessas só tem agravado o sentimento que você tem de estar sendo traído e abandonado por aqueles que ama.

Lembre-se de que você decidiu ser um objeto. Você deu permissão. Reconheça o seu erro, o desrespeito que cometeu contra si mesmo, para que não volte a cometê-lo. Assuma a responsabilidade. Pare de projetar a culpa. Pare de mentir. Só é vítima quem quer.

Não importa o que você acha que tenha acontecido no passado. Reconheça que você não pode levar a sua vida adiante sem antes aprender a dizer "Não" para o abuso aqui e agora. Não faça disso uma questão moral ou filosófica. Aprenda a dizer "Não" para os convites que o levam a se iludir no presente.

Assim como um alcoólatra que não pode viver sem álcool, você não consegue dizer "Não" para a promessa condicional de amor. Admita o seu sentimento de impotência. Sem ajuda, você não vai conseguir superar o seu padrão inconsciente de deslealdade consigo mesmo. E a ajuda de que você precisa é a atenção consciente. Você precisa ver como você fica inconsciente, como permite o abuso, reiteradamente.

Até que você veja o padrão e assuma a responsabilidade por rompê-lo, ele continuará. Não importa quanta terapia você faça ou a quantos tratamentos se submeta.

O alcoólatra recusa a bebida porque vê que, se aceitá-la, estará abrindo mão do seu poder pessoal. Você se recusa a ser um objeto de abuso pela mesma razão.

Veja que, enquanto achar que o problema está fora de você, não conseguirá resolvê-lo. Você culpará os outros, culpará as instituições da sociedade, culpará Deus, mas o problema continuará. Pois o problema é a deslealdade consigo mesmo. Até que aprenda a dizer "Sim" para si mesmo, você não conseguirá dizer "Não" aos outros.

O problema nunca é o fato de que os "outros" traem você. Os outros simplesmente refletem de volta para você as suas próprias crenças acerca de si mesmo.

As outras pessoas lhe concedem a dádiva da auto-reflexão. Sem a ajuda delas, que refletem de volta as suas suposições inconscientes, o seu processo de despertar demoraria muito mais.

O seu irmão é o seu professor. Ele lhe mostra o que você tem de olhar em si mesmo. E você faz o mesmo por ele.

Esse é o drama do despertar.

Não faça dele uma novela. Não faça do seu irmão ou irmã o responsável pela sua experiência. Eles nunca podem ser responsabilizados pelo que você vive.

Os outros seres humanos, seus companheiros, não foram feitos para ser bodes expiatórios ou semideuses. Eles não são a causa do seu sofrimento nem a causa da sua salvação.

Eles são todos peregrinos na mesma viagem. O que você sente, eles também sentem. Assim como você, eles estão aprendendo a ver os seus próprios padrões de deslealdade. Assim como você, eles estão aprendendo a dizer "Sim" para si mesmos e "Não" para abrir mão do seu poder pessoal.

Tenha paciência. Essa é uma jornada rumo à total recuperação do seu poder. Quando o eu tem todo o seu poder de volta, o abuso fica impossível.

## DESPERTANDO JUNTOS

Quando duas pessoas travam um relacionamento espiritual, elas concordam em ajudar uma à outra a se conscientizar dos seus padrões de deslealdade consigo mesmo. A intenção delas não é aumentar os seus sentimentos negativos, mas oferecer segurança suficiente no relacionamento para que os sentimentos negativos possam vir à tona e os padrões de deslealdade consigo mesmo possam ser revelados.

O companheirismo espiritual não significa apenas compartilhar o mesmo propósito e a mesma orientação na vida, mas é também um compromisso mútuo e corajoso de assumir a responsabilidade e eliminar a culpa. Toda pessoa está aqui para ajudar o parceiro a parar de projetar, a parar de fazer o papel de vítima, a parar de encontrar problemas fora de si mesmo. Ela não faz isso passando sermões, mas criando um espaço seguro e cheio de compaixão no qual o parceiro possa ficar frente a frente consigo mesmo.

Se ele vê em outra pessoa um inimigo, ela não pode ser conivente. Ela se recusa a jogar o jogo do bode expiatório, da culpa e do ataque. Mas ela pode amá-lo. Pode aceitar o modo como ele se sente. Pode reconhecer os sentimentos dele e incentivá-lo a encontrar o caminho para a paz dentro do próprio coração.

Embora ela veja o parceiro fazendo projeções, ela não tenta consertá-lo, pois isso significaria compartilhar da mesma mentira. Ela simplesmente ficaria consciente de quem ele realmente é. E desse modo ela o chamaria de modo gentil e não-verbal, de volta para si mesmo.

Acima de tudo, ela simplesmente ouve. Não concorda com o que o parceiro tem a dizer nem discorda dele. Ela sabe que a opinião dela nada significa e, se significasse, o afastaria do seu processo. Ela simplesmente ouve profundamente e com compaixão. Ela ouve sem julgar ou, se julgar, toma consciência do seu próprio julgamento e volta a ouvir. Ela ouve com o coração aberto e com a mente aberta. E esse ato de ouvir torna-se uma bússola que leva à verdade. Quanto mais ela o ouve sem julgá-lo, menos ele acusa. Aos poucos, ele volta para si mesmo por meio do amor que recebe dela.

Essa é a dádiva que o parceiro espiritual oferece ao outro. Essa é a pérola valiosa.

Quando um consegue dar ao outro a dádiva da aceitação e do amor incondicionais, ampliando essa dádiva para incluir a todos, deixa de haver projeção, deixa de haver condenação, deixa de haver ataque. Deixa de existir objetos. Não existem mais vítimas nem algozes.

Haverá parceiros em pé de igualdade na dança da vida. Haverá corações se abrindo. Um pouco a princípio, mas num tal número depois que eles ameaçam abarcar todo o universo manifesto. E, na verdade, um dia eles de fato o abarcarão.

Quando tudo o que é visto como algo sem valor e prejudicial passar a ser benéfico e sagrado, não haverá mais a impressão de que se está separado da fonte de amor. Cada um de nós será um raio de luz radiante emitido, por toda a eternidade, do centro do coração. Um raio que dissipa a separação e o pecado, batizando a culpa nas águas do próprio medo e saudando-os com buquês de flores à medida que emergem das águas, inocentes e livres.

Essas são dádivas que temos de oferecer uns aos outros quando a ilusão do abuso tiver acabado. E ele acaba no momento em que nos lembrarmos de quem somos e quem nosso irmão ou irmã realmente é.

# NAMASTÊ

Namastê. Eu aceito a sua humanidade e a minha. E eu também me curvo à divindade em cada um de nós. Eu aceito a nossa igualdade absoluta como seres. E também aceito que todos nós nos esquecemos de quem somos.

Eu celebro o fato de que estamos despertando juntos e reconheço que, sempre que somos pressionados a ver o nosso medo, caímos no sono.

Eu reconheço tanto o absoluto quanto o relativo, pois ambos estão presentes neste mundo. A voz suave de Deus e os gritos exaltados da criança ferida se misturam aqui, nesta mente, neste mundo. Alegria e tristeza se misturam. Força e lágrimas, beleza e traição, silêncio e cacofonia inter-penetram-se.

Trata-se de um mundo simples, que inspira e expira, aproximando-se e afastando-se de Deus. E ele também é complexo em sua infinita variedade de formas.

Cada eu é a presença ilimitada, embora tenha de se aproximar de Deus da sua própria maneira original. Dentro da unicidade, sobeja o paradoxo.

Aqui nós moramos juntos, meu irmão e irmã.

Aqui, no silêncio, cada um de nós, com a batida sem igual do nosso coração, com a nossa dança original, com o nosso próprio grito por amor e verdade.

No entanto, apesar da divisão em corpos, apesar da fragmentação da mente, só um coração se abre aqui. E esse coração inclui o seu e o meu e o coração de todos os seres que um dia viveram no tempo e no espaço. Esse coração pertence a Deus. É seu paciente coração. Suas infinitas bênçãos a todos nós. Meus votos para você são bem simples. Que você encontre o Coração no seu coração. Que você encontre a sua voz neste silêncio. Que você desperte para a verdade de quem você é. Namastê!